白崎裕子

SECRET
STOCK RECIPE
-50-

# 秘密のストックレシピ

〜作りおきの調味料／ごはんの友／漬けるもの／おやつのもと〜

SECRET
STOCK RECIPE
-50-
HIROKO SHIRASAKI

# 〝料理のパーツ〟をあなたに

ストックと言ってもさまざまで、たとえば保存食としてのビン詰めは、煮沸して空気を抜けば、どんなものでも長く保存できますが、それはふたを開けるまでのこと。開けたらすぐに食べたほうがいいですよね。ところが調味料や常備菜は、毎日少しずつ使うため、ふたを開けてからの日持ちのほうが大切な気がします。だからこの本では、「味がしっかりしている」「水分を抜いてある」「酸性に傾けてある」「十分加熱してある」など、保存できる理由があるレシピを掲載しました。

右ページの【ホワイトルウ】は植物性の材料だけでできていて、豆乳でのばしても、牛乳でのばしても、おいしいシチューになります。

食べたいものを足すことは簡単だけれど、食べられないものを後から抜くことはとても難しい。だから、なるべくシンプルな材料でストックを作れば、結果として、みんなで安心して使えるものになるかもしれない、と考えました。

この本のストックは、いわば料理のパーツです。使う人によって、いくつもの料理に広がっていく、絵にたとえるなら絵の具の部分でしょうか。

どうか気に入った絵の具を見つけてもらえますように。そして、あなたの好きないつものメニューに、思う存分に使っていただけたら、何より嬉しいです。

白崎裕子

## もくじ



SECRET STOCK RECIPE -50-
HIROKO SHIRASAKI

☞本書のルール

＊【調味料】【ごはんの友】【漬けるもの】【おやつのもと】の4つのカテゴリーで、01〜50のストックを紹介しています。【展開レシピ】は、これらのストックを組み合わせて作るものです。
＊大さじ1は15㎖、小さじ1は5㎖、1カップは200㎖です。すべてすりきりで計量しています。g表記があるレシピは、スケールで計量したほうが作りやすいものです。
＊調味料について、とくに記載のないものは、しょうゆは濃口しょうゆ、塩は海塩(海水100%を原料に作られたもの)、酢は米酢を使用しています。
＊各ストックの調理時間や保存期間はおおよその目安です。材料や調理環境によって変わりますので、ご自身で味を確かめながら、調理・保存するようにしてください。

# 〈白崎茶会のストックの魅力〉

POINT 1

## 材料さえあれば作りやすいレシピ

白崎茶会の作りおきストックは、思いのほかかんたん。容器に材料を入れて混ぜるだけ、フライパンで炒めるだけ、漬けておくだけ……。あとは冷蔵庫で1週間・1か月とスタンバイしながら、時間がおいしくしてくれます。誰もが楽しく&上手に作れるコツがつまっていて、ずっとストックしておきたいレシピばかりです。

POINT 2

## 食べ方が広がるアレンジは無限大！

ストックはそのまま食べるのもいいけれど、ちょっとひと手間を加えたり、ストック同士を組み合わせることでおいしさが広がるのも大きな魅力。いちから作るより断然ラクで、忙しいときに大助かりです。各ページの「使いみちレシピ」「展開レシピ」でおすすめの食べ方を紹介しています。

POINT 3

## 自分で選んだ食材だから みんな安心のおいしさ

本書で紹介するのは、スーパーで買える調味料や常備菜ですが、添加物はもちろん、乳製品や卵などを使わずに、大満足の味に手作りできるもの。アレルギーのある人や子どもでも安心して食べ続けられます。昔からあるなつかしいストックも、他には絶対ないおいしさを作り出せるのです。

### ☞保存容器・ビンなどの消毒方法

でき上がったストックを詰めるときは、清潔な保存容器を用意しましょう。容器（ビン）とふたに熱湯を注ぐだけで消毒ができ、日持ちがさらによくなります。それでも心配なときは、鍋にたっぷりの熱湯を沸かし、そのなかにビンや容器を浸けて煮沸しましょう。容器は、耐熱性があればホーローでもビンでも使いやすいものでOK。

# 01 はちみつケチャップ

## トマトの酸味・旨み・コクを引き出した、格別な味わい

トマト缶、玉ねぎ、はちみつ、そして少しのスパイスがあれば、すぐにできるフルーティーなケチャップです。オムレツやナポリタン、ケチャップライスなど、安心してたっぷりと使えますし、フレッシュな味なので、ゆでたパスタにからめるだけでもすごくおいしいんです。トマト缶がなかったら、もちろん生のトマトでも大丈夫。その場合、湯むきして、トマト缶と同量（400g）を使います。ビンをしっかり煮沸すれば、長期保存も可能です。夏の出盛りの時期にたくさん作っておくと、冬まで手作りのケチャップを楽しむことができますよ。

保存の目安…冷蔵庫で1か月
調理時間…30～35分

## 材料（作りやすい分量）

トマトの水煮（缶）… 1缶（400g）
玉ねぎ … ½個
梅酢 … 大さじ1と⅓
（または酢同量＋塩小さじ⅔）
塩 … ふたつまみ
こしょう … 適量
シナモンパウダー … ひとつまみ
ローリエ … ⅓枚（切手の半分の大きさ）
はちみつ … 大さじ2

## 作り方

❶玉ねぎはすりおろし、トマトの水煮は手でつぶす。
❷はちみつ以外のすべての材料を鍋に入れてよく混ぜ、中火にかける。沸騰したら中火のままふたをせずに、20〜25分加熱する。焦げないように時々かき混ぜること（写真ⓐ）。
❸火を止めてローリエを取り出し、はちみつを加えて混ぜ、ひと煮立ちさせる。

ⓐ

☞使いみちレシピ

### 真夜中のケチャップパスタ

小鍋に湯を沸かし、塩を入れて1人分のパスタをゆでる（キャベツをちぎって一緒に入れてもよい）。パスタがゆで上がったら、箸でパスタをおさえて湯きりし、オリーブオイル大さじ1（【11 ガーリックオイル】でもよい）、【はちみつケチャップ】をたっぷり入れ、ごく弱火にかけてかき混ぜる。仕上げに、【36 白みそ粉チーズ】や【13 タバ酢コ】をかけてもおいしい。

**MEMO**

＊ひと晩寝かせると、味がまるくなる。
＊クローブをごく少量入れると、味に奥行きが出る。
＊はちみつの代わりにメープルシロップを使うときは、大さじ2と1/2。



秘密の一言　メープルシロップで作れば、「メープルケチャップ」です。

# 02 豆乳マヨネーズ

**冷蔵庫の定番・マヨネーズも卵不使用でおいしく作れる！**

卵を使わずに作れ、クリーミーな仕上がりです。普通のマヨネーズに比べてヘルシーだから、たっぷり使っても大丈夫。マイルドな味なので、お好み焼きなどにもよく合い、しっかり固まるから、サンドイッチやタルタルソースなど幅広く使えます。ポイントは、最初にビンをよくふること。ここで、豆乳となたね油の温度を合わせておくことで、かくはんしたときに乳化しやすくなるんです。「豆乳となたね油のあいさつ」と呼んでいます。どんなときも、あいさつは大切ですね。はちみつケチャップとコチュジャンを混ぜた「ピンクマヨネーズ」もおすすめです。

保存の目安…冷蔵庫で2週間
調理時間…10分

## ☞使いみちレシピ
### えびマヨネーズ

フライパンに油を熱し、にんにく（みじん切り）½かけを入れ、香りが立ったら背わたを取ったえび200gを入れる。えびが赤くなったら、塩、こしょうで味をととのえて、火を止める。ボウルに炒めたえびを入れ【豆乳マヨネーズ】でよくあえる。【01 はちみつケチャップ】や【08 かんたんコチュジャン】を入れてもおいしい。

## 材料（作りやすい分量）

なたね油 … 100g
豆乳 … 50g
梅酢 … 小さじ2と½
（もしくは酢同量＋塩小さじ½）
てんさい糖 … 小さじ2
マスタード … 小さじ2

## 作り方

❶ビンになたね油と豆乳を入れてよくふる（温度を合わせる）（写真ⓐ）。
❷ハンディブレンダーでかくはんする。ブレンダーを底に押しつけたまましばらくかくはんし（写真ⓑ）、ゆっくり引き上げると、しっかりと固く乳化させることができる。
❸残りの材料を加え、さらにブレンダーでよく混ぜる。

ⓐ

ⓑ

### MEMO

＊冷蔵庫に入れて冷やすと、さらに固くなる。
＊マスタードは、粒でもフレンチマスタードでもどちらでもよい。

秘密の一言　すべての材料をビンに入れてよ〜くふるだけでもおいしい（とろとろマヨネーズ）。

# 03
# お好み焼きソース

## 野菜と果物の旨みが際立つ
## ほどよく濃厚なソース

寝かせるほどに味がなじんでまろやかになり、おいしくなるソース。作ったらすぐに食べてしまわないように、冷蔵庫の奥に隠しておきましょう。「お好み焼き」の名前が付いていますが、甘すぎず、あっさりしているので、キャベツのせん切りやフライにたっぷりかけてもおいしい。焼きそばや焼きうどんなどの味つけに使うときは、しょうゆと合わせて使うのがおすすめ。このソースをまとめてたくさん作りたいときは、玉ねぎやりんごをフードプロセッサーにかけ、なるべく大きな鍋で煮詰めるようにすると、より早く作ることができます。

保存の目安…冷蔵庫で1か月
調理時間…45分

### 材料（作りやすい分量）

トマトの水煮（缶）… ½缶（200g）
玉ねぎ … ¼個（50g）
りんご … ½個（100g）
にんにく … 1かけ

**A**
- しょうゆ … 大さじ4
- 赤ワイン … 大さじ3
- 酢 … 大さじ1
- はちみつ … 大さじ1

［カラメル］
- てんさい糖（またはココナッツシュガー）… 45g
- 水 … 大さじ1
- 熱湯 … 大さじ3

ガラムマサラ … 小さじ1

### MEMO

＊最初にボウルにAを入れておき、りんごをすりおろしたらすぐに混ぜると、酸化しない。
＊ガラムマサラの量を増やすと、よりスパイシーなソースになる。
＊好みで、【05 白だし】大さじ1を入れてもおいしい。
＊そのままの状態でお好み焼きソース、こすとウスターソース風になる。

### 作り方

❶ボウルにトマトの水煮を入れて手でつぶし、Aを加える。玉ねぎ、りんご、にんにくをすりおろして加え、よく混ぜる（または、すべてをプロセッサーにかけてもよい）。
❷［カラメル］を作る。小鍋にてんさい糖と水を入れて混ぜ、強めの中火にかける。鍋のふちから焦げて色づいてきたら、鍋をぐるりと回して焦げを全体に回す。火を止め、熱湯を入れる（写真ⓐ）。
❸②に①を加えてよく混ぜ、中火にかけて沸騰したら、そのままアクをとりながら5分加熱する。ふたをして弱火にし、自然なとろみがつくまで、焦げないようにときどき混ぜながら30分ほど加熱し、火を止めてガラムマサラを加え、よく混ぜる。
❹保存容器に入れて粗熱がとれたら、冷蔵庫で3日以上寝かせる。

展開レシピ

# ピザトースト

野菜の切れ端さえあれば5分くらいで作れるから、朝ごはんにぴったり。手作りのケチャップのコクと、とろ～りとろけたチーズで無敵のおいしさです。

## 作り方

食パンにオリーブオイルを薄く塗り、【はちみつケチャップ】と冷凍した【豆乳チーズの素】をのせて、好みの野菜（玉ねぎやピーマンなど）をのせる。【豆乳チーズの素】が少し溶けてからトーストする。【13 タバ酢コ】などをふってもおいしい。

# お好み焼き イカ天

卵ナンでもおいしく仕上がるレシピです。
もったりと重たい生地ですが、焼くとふんわりとかるい食感に。
イカがなくても、いろいろな食材で気軽に楽しめます。

## 材料（3枚分）

A
- 地粉（または薄力粉）… 150g
- ベーキングパウダー … 小さじ2

B
- 長いも（すりおろし）… 150g
- 水 … 100mℓ
- 塩 … 3つまみ

C
- イカゲソ（細かく切る）… イカ2杯分（150g）
- キャベツ（せん切り）… 300g
- 万能ねぎ（小口切り）… 3本分

【お好み焼きソース】【豆乳マヨネーズ】、かつお節、青のり、紅しょうが …好みの量

## 作り方

❶ボウルにAを入れ、泡立て器でかくはんする。Bを加え、ヘラでよく混ぜる。
❷Cを加えてかるく混ぜる。
❸フライパンに油（分量外）を熱し、弱めの中火にして、②を⅓ずつ流し入れ、両面5分ずつゆっくりと焼く。
❹【お好み焼きソース】をたっぷりかけて食べる。好みで、かつお節、青のり、紅しょうがなどものせ、【豆乳マヨネーズ】をたっぷり添える。

### MEMO

＊Bに、【05 白だし】を入れてもおいしい。
＊かつお節の代わりに、「おかかふりかけ（P.17）」をかけてもおいしい。

# 04 めんつゆ 濃縮タイプ



## 市販のめんつゆと同様に使える だし香るまろやかな調味料

このめんつゆは、水が一滴も入っていないので、日持ちします。水でのばして麺のつゆにはもちろん、煮物、炒め物、鍋物など、あらゆる料理に使えます。ゆずやすだちなど、お好みの柑橘類をしぼれば、あっという間に「自家製ポン酢」のでき上がり。さらにごま油も加えれば、中華ドレッシングもできます。だしが効いているので、ポン酢は酸味がやわらかくなり、ドレッシングは油ひかえめに作っても、おいしいものができます。ざるでこすときに、スプーンでギュッと押すと、めんつゆがたくさんとれますし、おかかふりかけも短時間で炒ることができます。

保存の目安…冷蔵庫で1か月
調理時間…10分（寝かせる時間は除く）

## 材料（約400g分）

しょうゆ … 200g

A
- 酒 … 200g
- みりん … 135g
- 昆布（細切り）… 10g
- かつお節 … 10g

## 作り方

❶小鍋にAを入れ、30分以上（できればひと晩）おく（写真ⓐ）。

❷中火にかけ、沸騰したら弱火にし、表面がフツフツしている状態で、アクをとりながら5分加熱し、しょうゆを加えて（写真ⓑ）ひと煮立ちしたら火を止め、そのまま冷ます。

❸昆布とかつお節をざるでこす。スプーンなどでギュッと押してよくしぼること。

ⓐ

ⓑ

### MEMO

＊昆布だけを使う場合は、昆布20gにして、同様に作る。

＊かつお節だけを使う場合は、かつお節20gにして、同様に作る。

＊つけつゆは4～5倍、かけつゆは8～9倍。

☞使いみちレシピ

### おかかふりかけ

ざるでこしたかつお節（昆布は取り除く）をフライパンに入れ、弱火でカラカラになるまで炒る。いりごまを入れてもおいしい。

# 05 白だし

## 旨みがぎゅっと濃縮された あらゆる料理に活躍の万能選手

白だしは、めんつゆと違って色が薄いので、料理に使うと素材の色をそのまま活かせます。たとえば、里芋の煮物は白く、青菜のお浸しは色鮮やかに仕上がります。白和えも、豆腐、すりごま、白だしを合わせるだけで美しく、おいしくできます。米1合に白だし大さじ1強の割合で入れて炊くと、本格炊き込みごはんに。さつまいもを入れれば芋ごはん、豆なら豆ごはんになります。和食に限らず、トマトソースやサラダなど、さまざまな料理の隠し味にも使え、何よりお湯で薄めるだけでおいしいお吸い物になりますので、お正月のお雑煮にもどうぞ。

保存の目安…冷蔵庫で1か月
調理時間…10分（寝かせる時間は除く）

☞使いみちレシピ

## 梅にゅうめん

お椀に【白だし】大さじ1くらいと刻んだねぎを入れておく。そうめんをゆでてお椀に入れ、湯を注ぎ、梅干しをのせる。しょうがのすりおろしを少しのせてもおいしい。

### 材料（約200g分）

酒 … 150g
みりん … 100g
昆布（細切り）… 10g
かつお節 … 10g
薄口しょうゆ … 50g
塩 … 大さじ1（15g）

### 作り方

小鍋にすべての材料を入れて30分以上（できればひと晩）おき、中火にかけ、沸騰したら弱火にし、表面がフツフツしている状態で、アクをとりながら5分加熱し、火を止めて、そのまま冷ます。昆布とかつお節をざるでこす。スプーンなどでギュッと押してよくしぼること。

### MEMO

＊昆布だけを使う場合は、昆布20gにして、同様に作る。
＊かつお節だけを使う場合は、かつお節20gにして、同様に作る。
＊薄口しょうゆが手に入らない場合、しょうゆ20g＋塩20gにし、水大さじ2を加えて同様に作る。



秘密の一言　ただし、何にでも入れていると飽きます。

# 06 すし酢

# 材料を混ぜるだけでかんたん
# 昆布だしの効いたマイルド酢

これが冷蔵庫にあれば、ひと安心。ごはんにすし酢を混ぜて、冷蔵庫の残りものを合わせるだけで、「とりあえずのお寿司」ができるのですから。たとえば、高菜漬けと納豆のお寿司。炒り卵ときゅうりの塩もみ寿司。ツナと青ねぎ寿司……。のりがあればちぎってのせ、ごまを見つけたらパラリとふり、残り野菜はサッと炒めてのせると、たいてい、想像よりずっとおいしいものができます。本書の【23 ふわふわ鮭フレーク】、【22 豆腐そぼろ】、【38 かんたんたくあん】など作っておけば、「とりあえずのお寿司」が立派なごちそうにもなるんですよ。

保存の目安…冷蔵庫で2か月
調理時間…5分（寝かせる時間は除く）

## 材料（作りやすい分量）

酢 … 200g
てんさい糖 … 80g
塩 … 20g
昆布 … 10㎝角1枚

## 作り方

昆布を細切りにする。保存容器に昆布以外のすべての材料を入れ、よく混ぜててんさい糖と塩をよく溶かす。昆布を入れて、冷蔵庫でひと晩寝かせる。

### MEMO

＊ごはん茶碗1杯に、すし酢大さじ1くらいを混ぜれば酢飯に。

☞使いみちレシピ

### 枝豆寿司

ごはん茶碗1杯に対して、【すし酢】大さじ1とゆでた枝豆を混ぜる。しょうがや青じそのせん切り、いりごまなどを混ぜてもおいしい。



秘密の一言　アツアツの野菜炒めや焼き魚に、すし酢をこっそりかけておくと、みんなおいしがります。

# 07 中華スープの素

## ひとさじでお店のような味に！
## 手作りの中華万能調味料

カップに入れ、お湯を注ぐだけで中華スープができるインスタントスープの素。チャーハン、炒め物、ラーメン、餃子のタネなど、あらゆる料理の味つけに使えます。忙しいときや、料理をする元気がないとき、作った料理がひと味足りないときも、ちょこっと入れるだけで味がピシッと決まる、秘密調味料です。旨みにはかつお節と昆布粉末を使い、調味料とともにココナッツオイルで固めるだけ。ココナッツオイルは無味無臭の精製タイプがおすすめです。代わりに、ごま油で作ってもおいしくできますが、分離してしまうので、毎回ひと混ぜして使いましょう。

保存の目安…冷蔵庫で1か月
調理時間…15分（固める時間は除く）

## 材料（15〜20人分・1人分＝小さじ2〜3）

ココナッツオイル（無味無臭タイプ）… 50g

**A**
- 塩 … 20g
- かつお節 … 3パック（15g）
- 昆布粉末 … 小さじ2
- こしょう … 小さじ½

**B**
- 白みそ … 50g
- 薄口しょうゆ（または濃口しょうゆ）… 大さじ2
- 白ねりごま … 小さじ2
- にんにく（すりおろし）… 小さじ2（10g）
- しょうが（すりおろし）… 小さじ1（5g）

## 作り方

❶かつお節は袋ごともんで粉状にする（写真ⓐ）。できるだけ細かくすること。

❷ボウルに溶かしたココナッツオイルとAを入れ、ダマがなくなるまでよく混ぜ、**B**も加えてよく混ぜる（写真ⓑ）。

❸冷蔵庫でしばらく冷やし、固まりかけたところを、なめらかになるまでよく混ぜて乳化させ、保存容器に入れて冷蔵庫で冷やし固める。

ⓐ

ⓑ

## MEMO

＊油分が分離したまま白く固まってしまったときは、容器ごと少し温めて溶かし、よく混ぜてもう一度固める。

＊だしは、かつお節だけ、または昆布粉末だけで作ってもおいしい。

☞使いみちレシピ

### 鮭チャーハンと中華スープ

冷蔵庫の残り野菜をみじん切りにして油で炒め、残りごはんと【23 ふわふわ鮭フレーク】も加えて炒める。ごはん1杯に対し、【中華スープの素】小さじ1を入れ、塩で味をととのえる。カップに【中華スープの素】小さじ2くらいと乾燥わかめ、刻んだ万能ねぎを入れ、熱湯を注ぐ。

展開レシピ

# 春雨の白湯《パイタン》スープ

中華スープの素と豆乳を合わせると、コクのある白湯スープができます。春雨を入れれば、ちょっとした食事代わりに。濃いめに作って、コチュジャンも多めに入れれば、担々麺のスープにもぴったり！

## 材料（2人分）

A 水 … 250mℓ
【中華スープの素】… 大さじ2
にんじん … あれば少し
えのきだけ … ½パック

春雨 … 25g
豆乳 … 200g
ニラ … ½束
【かんたんコチュジャン】
… 小さじ1（好みで）

## 作り方

❶鍋にAを入れ、弱火にかけて沸騰させる。

❷春雨を加えて2分加熱し、豆乳を入れてひと煮立ちさせたらニラを加え、さらにひと煮立ちしたら火を止める。味をみて足りなければ塩で味をととのえる。好みで【かんたんコチュジャン】を入れるとおいしい。

# タンドリーえび

インド料理のような、パンチのきいた旨みと辛み。ソテーしただけなのにしっかりした味なので、ごはんのおかずやおつまみにもおすすめです。

## 材料（2～3人分）

えび… 200g
A 豆乳ヨーグルト … 50g
【ジンジャーカレールウ】… 50g
なたね油（またはココナッツオイル）… 適量

### MEMO

＊青菜のソテーや生野菜などをたっぷり添えるとおいしい。

## 作り方

❶えびは殻をむいて背わたを取り、水でさっと洗ってキッチンペーパーで水けをよくふき取る。

❷Aを保存容器に入れて混ぜ、えびを加えてかるく混ぜて30分以上漬け込む（ふた付きの保存容器やポリ袋に入れれば、3日ほどおいても大丈夫）。

❸フライパンに油を熱し、②を入れて中火で両面をこんがりと焼く。

# 08 かんたんコチュジャン

## 3つの材料を合わせるだけで手軽にピリ辛味を楽しめる！

市販のコチュジャンには、水あめやアミノ酸などいろいろ入っているため、シンプルな材料で手作りできないかと考えました。昔はみそで作っていたのですが、本物のコチュジャンは、もち米を炊いて麹で糖化させ、唐辛子と塩を入れて発酵させると知り、それならばと、日本の米と米麹の発酵食品である甘酒に、一味唐辛子と塩を混ぜて寝かせてみたら、ずいぶん近いものができました。それ以来、多少の分量変更はあっても、ずっとこの作り方です。いろいろな調味料を足したりもしましたが、結局、何も入れないほうが飽きずに使える気がします。

保存の目安…冷蔵庫で2か月
調理時間…5分（寝かせる時間は除く）

☞使いみちレシピ

### 大根キムチ

大根½本をサイコロ状に切ってポリ袋に入れ、塩小さじ1を加え、よくもんで常温で半日おく。出た水分を捨て、粉末にしたかつお節½パック、にんにく、しょうがのすりおろし少々、あれば2㎝くらいに切ったニラも入れ、甘酒（濃縮タイプ）25g、【かんたんコチュジャン】25gを入れて、よくからめる。白菜やきゅうりで作ってもおいしい。

### 材料（作りやすい分量）

甘酒（濃縮タイプ）… 100g
一味唐辛子 … 5〜10g
塩 … 10g

### 作り方

保存容器にすべての材料を入れ（写真ⓐ）、混ぜ合わせる。常温でひと晩おく。

ⓐ

**MEMO**

＊にんにくやしょうがのすりおろしを入れてもおいしい。



秘密の一言　うちのスタッフ人気No.1のストックです。

# 09 かんたんテンメンジャン

## 余り野菜がよみがえる！
## 食欲そそるコクと甘み

いつもの料理に少し入れるだけで、味に深みが出る中華風甘みそ。玉ねぎだけ、ピーマンだけ。野菜がひとつしかなくても、すぐにコクのあるみそ炒めができます。酢を加えれば奥行きのある酢みそだれになり、うどんや冷やし中華、冷奴に。また、焼きなすにたっぷりのせてねぎを散らすと、ごはんにもお酒にもよく合う一品に。【08かんたんコチュジャン】を少し混ぜても辛味と塩味がキリッとします。もちろん、そのまま生野菜につけてもおいしい。室温が高すぎて黒っぽくなってしまった自家製みそを、おいしく消費する方法でもあります。

保存の目安…冷蔵庫で1か月
調理時間…15分

## 材料（作りやすい分量）

A
- みそ … 100g
- みりん … 100g
- しょうゆ … 25g
- てんさい糖（またはココナッツシュガー）… 25g

B
- ごま油 … 10g
- しょうが（すりおろし）… 小さじ2

## 作り方

❶鍋にAを入れて混ぜ、中火にかけて沸騰したら弱火にする。焦げないように混ぜながら5〜6分、鍋底に木ベラの跡が残るまで加熱する（写真ⓐ）。

❷Bを加え、弱火で加熱しながらよく混ぜる。油分が浮かなくなり、全体的になじんでツヤが出たら完成。

ⓐ

## MEMO

＊玄米みそを使ってもおいしい。

☞使いみちレシピ

### キャベツと厚揚げのテンメンジャン炒め

キャベツ¼個、ピーマン2個、長ねぎ1本、厚揚げ1丁はそれぞれ食べやすい大きさに切り、フライパンにオイルを熱し、よく炒める。塩を少し入れて味をつけ、最後に【かんたんテンメンジャン】を好きなだけ加え、サッと炒める。厚揚げはジューシーなものを使うとおいしい。

# 10 小えびジャン



**小えびの香ばしさが決め手！
そのままごはんや麺にも合う**

にっぽんの乾燥小えびで作る、中華風調味料です。とてもシンプルな「XO醤」とでも言いましょうか。中国食材のかたくてしっかりした干しえびと違い、国産のものは、軽くてペッタンコ。でも、作ってみたら、あっさりしているのに旨みはしっかりある、何ともおいしいジャンができました。まずは絹ごし豆腐にのせて、食べてみてください。桜えびで作ってもすごくおいしいです。なお、小えびを15gに減らして、干ししいたけ小1個を一緒に酒に漬けて戻し、細かく刻んで同様に作ると、ワンランクアップした「リッチ小えびジャン」になります。

保存の目安…冷蔵庫で3週間
調理時間…20分（寝かせる時間は除く）

## 材料（作りやすい分量）

**A** 小えび（乾燥）… 20g
酒 … 80g

**B** 玉ねぎ … ½個（100g）
にんにく … 6かけ（30g）
しょうが … 20g（にんにくより少し少なめ）

**C** 赤唐辛子 … 大1本
しょうゆ・みそ … 各大さじ1
てんさい糖 … 小さじ1

ごま油 … 大さじ4

## MEMO

＊赤唐辛子の代わりに、一味唐辛子小さじ½を使ってもよい。

## 作り方

❶保存容器に**A**を入れ、ひと晩おく（写真ⓐ）。
❷**B**と赤唐辛子はすべてみじん切りにする。
❸フライパンを熱し、いったん火を止めてごま油と**B**を入れ、中火にかけて、よく炒める。玉ねぎがしんなりしてきたら、①と**C**を加え、時々かき混ぜながら、水分がとぶまで中火で加熱する。

☞使いみちレシピ

### 白がゆ 小えびジャンのせ

白がゆを炊いて器によそい、ゆでて刻んだ青菜と【小えびジャン】をたっぷりのせて食べる。

## 11 ガーリックオイル

## 12 昆布酒

## 13 タバ酢コ

## ビンにつめておくだけでOK あると頼もしい3種の調味料

【ガーリックオイル】は、炒め物やサラダに欠かせません。【タバ酢コ】は、パスタやフライの必需品で、自分で作れば好きな辛さにすることができます。何より、どれも日持ちするのがよいところ。たとえば私は料理に昆布だしをよく使うのですが、昆布を水に浸け忘れるとその日は使えないし、昆布だしは傷みやすいので、長く作りおきもできません。その点、【昆布酒】なら日持ちするので、一度作っておけば、いつでも使え、ひと味足りない煮物や、なんとなく味が決まらないカレーやスープにも、パッと加えて煮立たせるだけで不思議とおいしく仕上がります。この3種は、あらゆる料理に後から足せる、お助け調味料なのです。

### 11 ガーリックオイル

保存の目安…冷蔵庫で1か月
調理時間…5分（寝かせる時間は除く）

**材料（作りやすい分量）**

なたね油（または太白ごま油）…100g
にんにく…8かけ（適量）

**作り方**

にんにくは切り込みを入れ、油とともに保存容器に入れ、冷蔵庫にひと晩おく。

**MEMO**

*何回か、つぎ足して使えば3か月ほどもつ。

### 12 昆布酒

保存の目安…冷蔵庫で1か月
調理時間…1分（寝かせる時間は除く）

**材料（作りやすい分量）**

酒…200g
昆布…10g

**作り方**

材料を保存容器に入れて冷蔵庫へ入れ、ひと晩おく。

**MEMO**

*昆布ごと料理に使ってもよい。

### 13 タバ酢コ

保存の目安…常温で半年
調理時間…5分（寝かせる時間は除く）

**材料（作りやすい分量）**

酢…50g
塩…5g
一味唐辛子…5g

**作り方**

材料をビンに入れて、塩が溶けるまでよくかき混ぜ、ひと晩おく。

**MEMO**

*常温で保存可能。

**秘密の一言**　「自家製のタバスコだよ」というとびっくりされます。混ぜただけなのに。

# 14 にんじんドレッシング

# 15 梅ドレッシング

## 旨みがギュッと凝縮された素材を楽しめるドレッシング

目の覚めるような色の2種類のドレッシングです。どちらも材料を混ぜるだけなので、冷蔵庫に常備しておくと重宝します。フルーティーな【にんじんドレッシング】は、にんじん臭さはまったくないので、小さな子どももパクパク食べてくれます。マイルドで、どんなサラダにもよく合い、レタスやベビーリーフなど、葉野菜たっぷりのグリーンサラダにかけると、とてもきれいです。一方、【梅ドレッシング】は、味がしっかりしているので、海藻サラダ、タコやイカ、ホタテの刺身などにぴったり。ほかにも、山芋のせん切りや、冷奴、ゆでた薄切りれんこんやごぼうなど、和食によく合い、何かと出番の多いドレッシングです。どちらもよくふって使います。

## 14 にんじんドレッシング

保存の目安…冷蔵庫で1週間
調理時間…15分

### 材料（約1.5カップ分）

にんじん … ½本（75g）
玉ねぎ … ¼個（50g）
A なたね油 … 75g
ごま油 … 大さじ1
【05 白だし】… 大さじ3
酢 … 大さじ2と½

### 作り方

ボウルに、にんじん、玉ねぎをすりおろして入れ、**A**を加えてよく混ぜ合わせる。

### MEMO

＊フードプロセッサーなら、5分でできる。
＊はちみつを少し入れてもおいしい。

## 15 梅ドレッシング

保存の目安…冷蔵庫で2週間
調理時間…10分

### 材料（約⅔カップ分）

梅干し … 4個（種をとり正味50g）
A なたね油（またはごま油）… 50g
【05 白だし】… 大さじ1
酢 … 大さじ1
【01 はちみつケチャップ】… 大さじ1
はちみつ … 小さじ2

### 作り方

梅干しは種をとって包丁で叩いてボウルに入れ、**A**を加えてよく混ぜ合わせる。

### MEMO

＊海藻サラダ、タコ、イカ、ホタテの刺身、ゆでたきのこなどによく合う。
＊塩分16％の梅干しを使用。梅干しの塩分に合わせて、調節すること。



秘密の一言　にんじん嫌いのお子さんの前では「カラフルドレッシング」と呼びましょう。

# 16 薄切り玉ねぎドレッシング



## 組み合わせる相手を選ばない サラダの救世主的ストック

たっぷり入った薄切りの玉ねぎが具材の一部になるので、ひとつの材料でもおいしいサラダがすぐにできます。たとえば、キャベツのせん切りにからめればコールスロー、にんじんのせん切りと合わせてレモン汁をふればキャロットラペ、わかめにかけてしょうゆとすりごまをふれば海藻サラダ。薄切りトマトを大皿に並べてかけたり、やわらかいアボカドをスプーンですくってからめるだけでも、すぐにサラダらしくなってくれます。また、マヨネーズ味のポテトサラダやマカロニサラダの下味に使うと、味がきちんと決まり、お惣菜屋さん風の味に。

保存の目安…冷蔵庫で1週間

調理時間…10分（寝かせる時間は除く）

## 材料（500g分）

玉ねぎ（または紫玉ねぎ）… 1個（200g）

A
- なたね油 … 200g
- 酢 … 100g
- はちみつ … 大さじ1と½
- 塩 … 小さじ2

## 作り方

❶玉ねぎはせん切り（2㎜のくし形）にする。
❷ビンにAを入れてよく混ぜ、①を入れてひっくり返したまま（写真ⓐ）、冷蔵庫にひと晩おく。

ⓐ

### MEMO

＊ピンク色は紫玉ねぎ、白は普通の玉ねぎで作っています。新玉ねぎで作るとさらにおいしい。

☞使いみちレシピ

### タコのサラダ

薄くスライスしたゆでたタコを皿に盛り、【薄切り玉ねぎドレッシング】をよくふってたっぷりのせる。スモークサーモンやイカでもおいしい。



秘密の一言　「厚切り玉ねぎドレッシング」では辛味が残ります。

乳製品ナシでも作れる、濃厚な味わいのグラタン2種。プレーンなクリームベースのじゃがいもグラタンは、ホワイトルウでかんたんに。なすグラタンは5つのストックの層が重なり合い、まるでラザニアのような豪華さ！

# じゃがいもグラタン

## 材料（2～3人分）

じゃがいも … 4個（400g）
玉ねぎ … 1個
好みの油（クセのないもの）
　… 大さじ1
A 豆乳 … 250g
　【ホワイトルウ】（刻んでおく）
　… 25g
塩、こしょう、【白みそ粉チーズ】
　… 適量

## 作り方

❶じゃがいもは皮をむいて5㎜の薄切りに、玉ねぎはせん切りにする。フライパンに油を熱し、じゃがいもを入れて中火で透明感が出るまで両面を焼き、玉ねぎを入れてさっと炒め、塩、こしょうで味をととのえる。
❷別の鍋にAを入れて（写真ⓐ）中火にかけ、かき混ぜながら沸騰させ、そのまま3分加熱し、ホワイトソースを作る（写真ⓑ）。
❸グラタン皿に①と②を重ね入れ、200℃に温めたオーブンで25分焼き、【白みそ粉チーズ】をふり、さらに5分ほどチーズがこんがりするまで焼く。

ⓐ

ⓑ

**MEMO**

＊【白みそ粉チーズ】は焦げやすいので最後にのせ、こまめに様子を見ること。

# なすグラタン

## 材料（4人分）

【焼きなすのオイル漬け】… 適量
【はちみつケチャップ】… 75g
A 豆乳 … 150g
【ホワイトルウ】（刻んでおく）… 15g
ぎょうざの皮 … 15枚くらい
【豆乳チーズの素】… 適量（なくてもよい）
【白みそ粉チーズ】… 適量（たっぷり必要）

## 作り方

❶鍋にAを入れて中火にかけ、かき混ぜながら沸騰させ、そのまま3分加熱し、ホワイトソースを作る。【焼きなすのオイル漬け】のオイルをしっかりきっておく。
❷耐熱容器に、オイル（分量外）をぬり、ホワイトソースの半量をしき、ぎょうざの皮の半量を並べる。その上に、【焼きなすのオイル漬け】【はちみつケチャップ】【白みそ粉チーズ】、残りのぎょうざの皮、残りのホワイトソースと重ね（写真ⓐ）、竹串で垂直に全体を刺す（冷凍の【豆乳チーズの素】ものせる場合は、一番上にのせ、溶けるまでそのままおいてから焼くとよい）。
❸200℃に温めたオーブンで35分焼き、【白みそ粉チーズ】をのせてさらに5分加熱する。

# 17 ホワイトルウ

## 加熱することなく完成!
## 10分で作れる純植物性のルウ

これひとつで、クリームスープやホワイトソースが気軽に作れます。ルウと水を煮立て、弱火でとろみがつくまで加熱し、豆乳(牛乳)を加えて、ひと煮立ちさせたらクリームスープのでき上がり。好みの野菜を水と一緒に煮込めばいろいろなスープが楽しめます。豆乳以外の植物性ミルク(ライスミルクなど)で作ってもおいしくできますし、炒め玉ねぎストックを入れるとコクが出ます。白みそ粉チーズをふるのもおすすめ。ホワイトソースはさらにかんたんで、刻んだルウを豆乳と一緒に鍋に入れ、沸騰後、かき混ぜながら、弱火で3分加熱するだけです。

保存の目安…冷蔵庫で2か月
調理時間…10分(固める時間は除く)

☞使いみちレシピ

## さっぱりクラムチャウダー

### 材料（4人分）

あさり（砂出ししたもの）… 200g
じゃがいも … 2個
玉ねぎ … 1個
にんじん … ½本
水 … 400mℓ
豆乳 … 500mℓ
【ホワイトルウ】… 80〜100g
塩、こしょう … 適量

### 作り方

❶あさりはよく洗い、鍋に水と共に入れて中火にかけ、あさりの口が開いたら、アクをとって火を止める。ざるに上げ、あさりは半分ほど殻をはずし、ゆで汁もとっておく。
❷野菜はさいの目切りにする。
❸鍋にオイル（分量外）を入れて、②の野菜をよく炒める。①のゆで汁を加える。沸騰したらふたをして、弱火で10〜15分ほど、野菜がやわらかくなるまで加熱する。
❹豆乳と刻んだホワイトルウを加え、かき混ぜながら沸騰させ、そのまま3分加熱し、あさりを戻し入れる。塩、こしょうで味をととのえる。

### 材料（約12皿分・1皿〔個〕＝20〜25g）

ココナッツオイル（無味無臭タイプ）… 100g
A 米粉（または薄力粉）… 100g
白こしょう … 小さじ½
昆布粉末 … 小さじ½
ガーリックパウダー … 小さじ½
塩 … 20g
メープルシロップ … 大さじ2と½

### 作り方

❶ボウルにAを入れてヘラで混ぜ、溶かしたココナッツオイルを加え（写真ⓐ）、なめらかになるまでよく混ぜる。
❷メープルシロップを加えて（写真ⓑ）よく混ぜ、ひと固まりになったら、製氷器やシリコン型などに小分けして入れ（写真ⓒ）、冷蔵庫で冷やし固める。

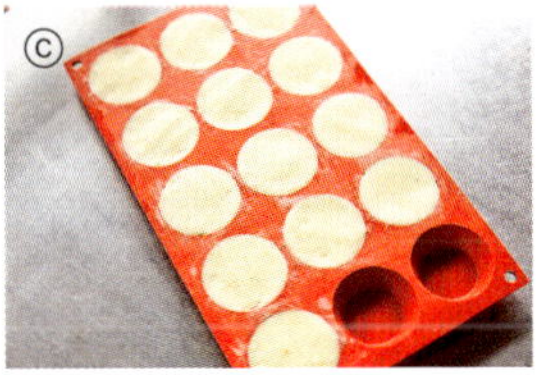


### MEMO

＊このルウはカチカチに固まるため、小分けしておくと使いやすい。1皿分ずつラップに包んで輪ゴムで留めておいても便利。
＊塩を加えるときは、よくすりつぶすこと。
＊1皿分のルウ（20〜25g）に対し、水150ml＋豆乳100mlが目安。好みの野菜と一緒に煮込めば、いろいろなシチューが楽しめる。
＊ルウ20gに対し豆乳200mℓでのばし、沸騰後3分加熱するとホワイトソースになる。

# 18 ココナッツオイルのカレールウ

## 鍋にポンと落とせばカレーに！
## 手作りできるおなじみのルウ

【17 ホワイトルウ】と同じく、材料を混ぜて固めるだけ。火も使わず、作業は10分で終わります。加熱しないのでスパイスの香りが生きています。シンプルな材料でできているので、どんな具材ともよく合い、一度レシピ通りに作ってみれば、次からは好みの辛さに調節可能です。【34 炒め玉ねぎストック】と合わせても相性抜群ですし、にんにく、しょうがを入れるとカレーの味がはっきりします。無味無臭のココナッツオイルがないときは、【19 地粉のカレールウ】がおすすめです。ただし、小麦粉を避けたい方は、ぜひこのレシピで作ってみてください。

保存の目安…冷蔵庫で2か月
調理時間…10分（固める時間は除く）

☞使いみちレシピ

## 大根のカレー

大根300gは大きめの乱切りにして鍋に入れ、水600mlを加えてやわらかくなるまで20分ほど加熱する。ツナ1缶、【34 炒め玉ねぎストック】250g、【ココナッツオイルのカレールウ】90〜100gを加えてさらに煮込み、ルウが溶けてとろみがついたら、【06 すし酢】大さじ1を入れて1〜2分加熱する。酸味がとんで甘みが出たら完成。【40 福神漬け】をたっぷり添える。

### MEMO

＊【すし酢】を入れると、味がぐっと深くなる。
＊ツナの代わりに油揚げ2枚を刻んで最後に加えてもよい。

### 材料（約10〜12皿分・1皿〔個〕＝20〜25g）

A
- 米粉（または地粉）… 60g
- カレーパウダー … 30g（好みで加減する）
- てんさい糖 … 25g
- 塩 … 20g
- 昆布粉末 … 小さじ2（なくてもよい）

ココナッツオイル（無味無臭タイプ）… 75g
しょうゆ … 20g

### 作り方

❶ボウルにAを入れてヘラで混ぜ、溶かしたココナッツオイルを加え（写真ⓐ）、なめらかになるまでよく混ぜる。
❷しょうゆを加えて（写真ⓑ）よく混ぜ、ひと固まりになったら、製氷器やシリコン型などに小分けして入れ、冷蔵庫で冷やし固める。

ⓐ

ⓑ

### MEMO

＊このルウはカチカチに固まるため、小分けしておくと使いやすい。1皿分ずつラップに包んで輪ゴムで留めておいても便利。
＊1皿分のルウ（20〜25g）に対し、水150mlが目安。
＊【01 はちみつケチャップ】50gを加えると、味が深くなる。その場合、しょうゆを入れるタイミングで一緒に加える。
＊ガーリックパウダー小さじ1をAに加えると、さらに味が深くなる。

秘密の一言　秘密だけど、声を大にして言います。ココナッツオイルは、必ず無味無臭を!!

# 19 地粉のカレールウ

## 福神漬けによく合う
## にっぽんのぽってりカレーの素

こちらのルウは、なたね油（または白ごま油）で作っても固まるレシピです。ポイントは、フライパンを火にかける前に地粉と油をよく混ぜることと、粉を炒めた後、水分の少ないものから順に加えていくことです。地粉というのは、昔ながらの国産の中力粉（うどん粉）で、麺やパン、お菓子など、何を作っても味わい深いのですが、このルウも例外ではなく、しみじみとしたなつかしいおいしさが味わえます。粉を炒めるので、香ばしさと深みが加わり、寝かせるほどにおいしくなります。でも、地粉がないときは、薄力粉と強力粉を半々でもOKです。

保存の目安…冷蔵庫で3か月
調理時間…20分（寝かせる時間は除く）

## 材料（12～15皿分）

**A**
- 地粉 … 110g
- なたね油 … 100g

**B**
- てんさい糖 … 40g
- 塩 … 35g
- 昆布粉末 … 小さじ2（なくてもよい）
- カレーパウダー … 35g（好みで加減する）
- しょうが（すりおろし）… にんにくの半量
- にんにく（すりおろし）… 2かけ分
- 【○Ｉはちみつケチャップ】… 75g
- しょうゆ … 30g

## 作り方

❶フライパンに**A**を入れ、木ベラでよく混ぜて溶かす（写真ⓐ）。とろりとなめらかでツヤのある状態になったらOK。

❷中火にかけ、うっすら茶色になるまで炒めて（写真ⓑ）火を止める。

❸てんさい糖、塩、昆布粉末、カレーパウダー、しょうが、にんにく、【○Ｉはちみつケチャップ】、しょうゆの順に入れ（写真ⓒ）、そのつどよく混ぜる。

❹再び中火にかけ、よく練りながら1～2分加熱する。フライパンにあたった部分のルウが乾いて黄色っぽくなってきたのを目安にして火を止める（写真ⓓ）。

❺熱いうちに保存容器に入れ、粗熱がとれたら冷蔵庫で3日以上寝かせる。

ⓐ

ⓑ

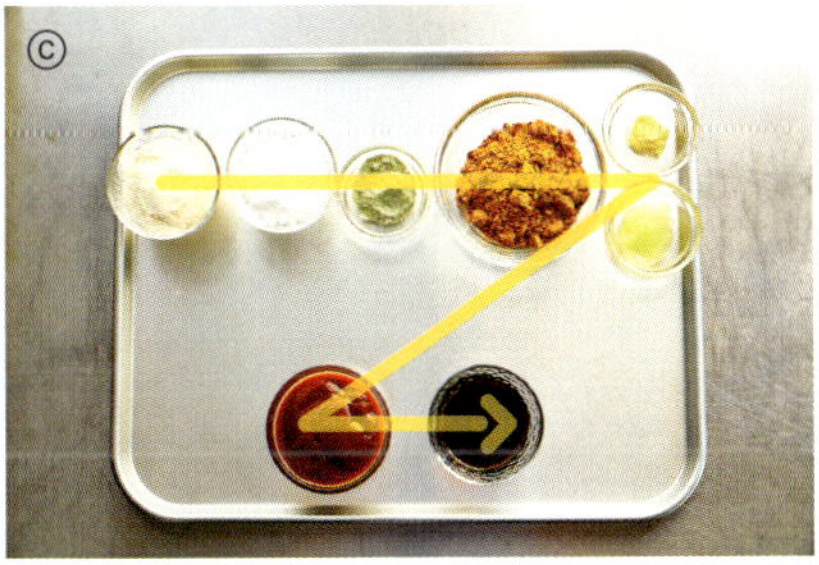
ⓒ

ⓓ

## MEMO

＊必ずてんさい糖と塩を一番先に入れ、水分の少ない順に材料を加えていくこと。

＊冷蔵庫で寝かせるほど味が深くなり、おいしくなる。

＊1皿分のルウ（30～35g）に対し、水200㎖が目安。好みの野菜と一緒に煮込めば、いろいろなカレーが楽しめる。

＊昆布粉末が手に入らない場合は、カレーを煮込むときに水の代わりにだしを使うとよい。

**秘密の一言** みんな口をそろえて、なつかしい味と言いますが、このルウが完成したのは7年前です。

# 20 ドミグラスルウ

## 香ばしくてまろやかな かんたん本格シチューの素

粉をしっかり炒めて作るルウは、鉄のフライパンを使うのをおすすめします。高温になっても安心で、こんがりきれいな焼き色がつき、その香ばしさが、おいしさの素になるのです。手入れもぬるま湯で洗うだけ。とてもかんたんです。それから、粉を炒めるときに時間をかけすぎると、シチューにとろみがつきにくくなることがあります。粉を炒めた後、すぐにてんさい糖を入れることでカラメル化しますので、粉を長時間炒めなくても大丈夫。ちゃんと香ばしく仕上がります。寝かせるほどにおいしくなるので、しっかり水分をとばして日持ちさせましょう。

保存の目安…冷蔵庫で3か月
調理時間…25分（寝かせる時間は除く）

☞使いみちレシピ

## 小玉ねぎのブラウンシチュー

小玉ねぎは皮をむき、丸のまま250gくらいを鍋に入れる。水300mℓを加えて火にかけ、沸騰したらふたをして弱火にし、やわらかくなるまで加熱する。【ドミグラスルウ】80gと赤ワイン大さじ1を入れて溶かし、とろみがつくまで加熱する。【36 白みそ粉チーズ】をかけてもおいしい。

### MEMO

＊【34 炒め玉ねぎストック】と合わせると、コクが出る。

＊しっかり水分をとばしたほうが日持ちがよくなる。

＊1皿分のルウ（40〜45g）に対し、水150mℓが目安。好みの野菜と一緒に煮込めば、いろいろなシチューが楽しめる。赤ワインを少し入れるとおいしい。

## 材料（12〜15皿分）

A
- 地粉 … 120g
- なたね油 … 100g

てんさい糖（またはココナッツシュガー）… 30g

塩 … 15g

B
- 白こしょう … 小さじ⅓
- にんにく（すりおろし）… 4かけ分
- しょうが（すりおろし）… にんにくの半量
- トマトの水煮（缶・つぶしておく）… 300g
- しょうゆ … 80g

## 作り方

❶フライパンにAを入れ、木ベラでよく混ぜて溶かし、なめらかになったら中火にかける。

❷粉がこんがりとするまで5〜7分炒めたら（写真ⓐ）、火を止めて、すぐにてんさい糖を加えて（写真ⓑ）混ぜ、塩も加えて混ぜる。

❸②にBを水分の少ない順（上から）に入れ（写真ⓒ）、そのつどよく混ぜる。

❹すべての材料を入れたら、再び中火にかけて水分をとばす（写真ⓓ）。ルウがひとまとまりになって、フライパンからくるんとはがれてくるようになるまで煮詰める。

❺熱いうちに保存容器に入れ、粗熱がとれたら冷蔵庫で3日以上寝かせる。

ⓐ

ⓑ

ⓒ

ⓓ

# 21 ジンジャーカレールウ



## しょうがの辛みが後を引く 使えるエスニック調味料

水でのばして煮立てるだけで、夏にぴったりのスパイシーなサラサラカレーができます。ヨーグルトやココナッツミルクを入れてもおいしいので、ナンやチャパティーのような平焼きパンともよく合います。このルウは粉を使っていないので、加熱しなくてもそのまま使えるのが特長。【ジンジャーカレールウ】50gを冷水で2倍にのばし、【04 めんつゆ】大さじ½を加えれば、冷たいうどんや中華麺のたれになります。また、冷やしたトマトやきゅうり、アボカドなどをカットして、和えるだけでもおいしい。調味料としても万能なルウです。

保存の目安…冷蔵庫で1か月
調理時間…35分

☞使いみちレシピ

## なすのココナッツミルクカレー

### 材料（4人分）

【34 炒め玉ねぎストック】
…80g（または玉ねぎ1個）
なす … 4本（400g）
しめじ … 1パック（150g）
A 水 … 150mℓ
【ジンジャーカレールウ】… 150g
ココナッツミルク … 1缶（400g）
なたね油（またはココナッツオイル）… 大さじ2

### 作り方

❶なすは2cmの輪切りにし、濃いめの塩水（分量外）に10分ほどさらしてアクを抜く。しめじは石づきをとってほぐす。
❷鍋に油を熱し、中火でなすとしめじを入れて炒め、【炒め玉ねぎストック】を加える。
❸Aを入れて沸騰したら、アクをとって弱火にし、なすがやわらかくなるまで15分加熱する。

### MEMO

＊炒め玉ねぎストックがない場合は、玉ねぎ1個をみじん切りにして炒めてから、なすを入れて炒め、同様に作る。

### 材料（10〜12皿分）

しょうが … 75g
なたね油 … 40g
トマトの水煮（缶）… 1缶（400g）
A カレーパウダー … 30g
塩 … 20g
しょうゆ … 15g
てんさい糖 … 25g

### 作り方

❶しょうがは薄切りにしてポリ袋に入れ、めん棒で細かくなるまで叩く（写真ⓐ）。
❷鍋になたね油としょうがを入れて中火にかけ、しょうががしわしわになるまで約15分、じっくりと加熱する（写真ⓑ）。焦げないように注意する。
❸トマトの水煮をボウルにあけ、手でよくつぶし、鍋に加え、沸騰したら弱火にし、時々かき混ぜながら、15分ほど加熱して水分をとばす。
❹Aを入れてよく混ぜ、ひと煮立ちさせたら火を止める。熱いうちに保存容器に入れ、粗熱がとれたら、冷蔵庫で保存する。

ⓐ

ⓑ

### MEMO

＊ルウ（35〜40g）に対し、水150mℓが1皿分の目安。
＊しょうがはプロセッサーにかけずに、叩くのがポイント。

展開レシピ

# タコライス

ルウが冷たいままでもおいしく、野菜のシャキシャキ感と、アーモンドの食感のコントラストが絶妙！

さわやかな酸味と辛みが渾然一体となり、食欲がないときにもおすすめ。

## 作り方

白いごはんを器に盛り、【ジンジャーカレールウ】を広げる。その上にレタスをしき、食べやすく切ったトマトや紫玉ねぎをのせる。【豆乳マヨネーズ】と、【白みそ粉チーズ】をかける。スライスアーモンドをかけ、レモンを添える。アボカドをのせてもおいしい。

# カレーうどん

小腹がすいたときに、１人分でもぱぱっと作れる本格カレーうどん。
ココナッツオイルのカレールウで代用すると、コクが出て、違った味わいに。
具材は冷蔵庫に残っているもので気軽に作ってみてください。

## 作り方（1人分）

鍋に水400mℓ、【地粉のカレールウ】25g、【めんつゆ】大さじ1と½を入れてよく混ぜ、火にかけて溶かす。とろみがついたら、食べやすく切った長ねぎ½本と油揚げ½枚、ゆでたうどんを1人分入れてさっと温め、どんぶりに盛りつけ、刻んだ万能ねぎを散らす。

# 22 豆腐そぼろ
## 肉みそ風・炒り卵風

**余った豆腐が大変身！**
**食べごたえ満点の定番そぼろ**

豆腐の賞味期限が切れそうになったら、とにかくそぼろにしてしまいましょう。豆腐はしっかりゆでてから作ると日持ちがよくなり、独特の豆臭さも消えます。冷めても油脂分が固まらないので、お弁当にもぴったり。肉みそ風は、ごぼうで食感を出していますが、れんこんやくるみでも。さらに、炒り卵風は見た目にも楽しく、卵アレルギーの方にいかがでしょうか？　すぐに食べるときは、豆腐をゆでずにふきんでギューッとしぼっただけでも大丈夫（炒り卵風は下ゆでが必要）。【08かんたんコチュジャン】を加えて辛くして、ラーメンにたっぷりのせたり、ビビンバの具材にもおすすめです。ぜひ、使いみちを広げてみてください。

## 肉みそ風

保存の目安…冷蔵庫で5～6日　調理時間…25分

### 材料（作りやすい分量）

豆腐（木綿）… 1丁（300g）
えのきだけ … 1パック（100g）
ごぼう … 30g
しょうが（薄切り）… 2枚（5g）
ごま油 … 大さじ2
A しょうゆ … 大さじ1
みりん … 大さじ1
【09 かんたんテンメンジャン】… 大さじ1

### MEMO

＊【08 かんたんコチュジャン】を少し加えて、辛くしてもおいしい。
＊しょうゆ、みりんの代わりに、【04 めんつゆ】大さじ2を入れてもよい。

### 作り方

❶8等分に切った豆腐、水（分量外）を鍋に入れ、中火にかけ、沸騰したら弱火で5分加熱し、ざるに上げて粗熱をとる。その間に、ごぼうはみじん切りにして水にさっとさらし、水をきる。しょうがもみじん切りにし、えのきだけは石づきを落として1cmに切る。
❷フライパンにごま油を熱し、しょうが、えのきだけ、ごぼうの順に加え、しんなりして½量になるまでよく炒め、①の豆腐をふきんで固くしぼって（写真ⓐ）入れ、中火で10分ほど、水分がなくなってポロポロになるまでよく炒める。
❸Aを加えてさらに炒め、水分がとんだら火を止める。

ⓐ

## 炒り卵風

保存の目安…冷蔵庫で2～3日　調理時間…20分

### 材料（作りやすい分量）

豆腐（木綿）… 1丁（300g）
なたね油 … 大さじ2
A 【05 白だし】… 大さじ2
てんさい糖 … 小さじ1
ターメリック … 少々

### 作り方

フライパンになたね油を熱し、肉みそ風と同様にゆでて水けをしぼった豆腐を入れ、中火で10分ほど、水分がなくなってポロポロになるまでよく炒め、Aを加えてさらに炒め、水分がとんだら火を止める。

### MEMO

＊なたね油の代わりに、白ごま油を使ってもよい。無味無臭のココナッツオイルを使うと、さらに炒り卵らしくなる。

☞使いみちレシピ

### 葉っぱ包みごはん

フリルレタスの上にごはんをしき、【豆腐そぼろ】、せん切りにしたにんじんをのせる。【10 小えびジャン】も添えるとおいしい。

# 23 ふわふわ鮭フレーク

## 鮭さえあればすぐ作れる！大人も子どもも大好きなストック

鮭フレークって便利ですよね。なかでも塩だけで作られたものは高級品とされているそうですが、鮭の切り身さえあれば、すぐに作れてしまいます。特に、しょっぱくてかたすぎる塩鮭があったら、即これを作りましょう！
鮭をゆでることによってほどよく塩が抜け、臭みも取れ、ふんわりとやわらかくなります。お正月の新巻鮭がしょっぱすぎたり、食べきれなかったときもぜひ。もちろん普通の甘塩鮭でも作れます。そのときは逆に、仕上げに塩を少しふっておくと日持ちがよくなります。おにぎりやお寿司にパスタ、お弁当にと大活躍間違いなしです。

保存の目安…冷蔵庫で1週間
調理時間…20分

## 材料（作りやすい分量）

塩鮭（切り身）… 3切れ
酒 … 大さじ2
塩 … 適宜

## 作り方

❶鮭は水でさっと洗う。平たい鍋（またはフライパン）に鮭がかぶるくらいの水を入れて沸かし、火を止めて、酒適量（分量外）と鮭を入れ、弱めの中火にかけ、かるくフツフツした状態で7分加熱する（写真ⓐ グラグラ煮立てないこと）。
❷鮭をキッチンペーパーに取って水けをとり、皮と骨、血合いを外し、かるくほぐす（熱いので注意する）。
❸②を小鍋に入れて酒を加え、弱火にかけて、水分がとんでパラッとするまで木ベラでほぐしながら（写真ⓑ）加熱する。味をみて、必要なら塩を加える。

ⓐ

ⓑ

☞使いみちレシピ

### かんたん鮭茶漬け

ごはん茶碗にごはんをよそい、【ふわふわ鮭フレーク】をのせ、刻みのり、わさびを添えて、緑茶を注ぐ。番茶でもおいしい。

**MEMO**
＊最後に、白いりごまを入れてもおいしい。
＊かたくてしょっぱい鮭も、フレークにすると塩がぬけてふんわりやわらかくなる。甘塩の場合、塩を強くすると日持ちがよくなる。

**秘密の一言** 鍋で炒りすぎると、「パサパサ鮭フレーク」になります……。

# 24 なつかしの塩辛

## 白作り

**ごはんの友に、おつまみに！**
**手作りならではの格別のおいしさ**

手作りの塩辛なんていうと、面倒なイメージがあるかもしれませんが、作ってみれば、意外にかんたんです。何といってもイカと塩さえあればできますし、これぱかりは買ってきたものとは、まったく別物といってもいいでしょう。あつあつのごはんにはもちろん、塩辛とねぎをお椀に入れ、熱湯を注いだ潮汁のおいしいこと！　手作りの塩辛は濃厚な旨みがありますので、アンチョビ代わりにパスタやパエリア、スープに入れたり、さまざまな使い方ができるのもいいところです。イカの身はお刺身で食べ、残ったゲソを塩辛にするという選択肢もあります。

保存の目安…冷蔵庫で5日
調理時間…20分（寝かせる時間は除く）

## 材料（作りやすい分量）

スルメイカ（刺身用）… 2杯（身の部分だけ使う）
塩 … 適量
酒 … 大さじ2（好みで加減）

## 作り方

❶イカは胴に指を入れて、くっついている部分をはずし、ゆっくりとワタを引き出す。エンペラとゲソは切り離す（左記の漁師風やP.15のお好み焼きなどに使う）。
❷胴を開いてきれいにし、さっと洗ってキッチンペーパーで水けをよくふき取る。皮をむき、キッチンペーパーに包んで容器に入れ、冷蔵庫にひと晩おく。ワタは、墨袋を取り除いて容器に入れ、たっぷりと（ワタが隠れるくらい）塩をふり（写真ⓐ）、冷蔵庫にひと晩おく。
❸②のイカを5㎜くらいの細切りにする。縦にカットすると食感がよい。容器に入れ、まわりの塩が入らないように注意してワタの中身をしごきだす（写真ⓑ）。好みで酒を入れてよく混ぜ、冷蔵庫に保存する。
❹清潔なスプーンで1日1回以上かき混ぜ、プクプクと細かい泡が立っていい香りがしてきたら食べごろ。次の日から食べられ、5日くらいで食べきるようにする（日々、味が変わっていく）。

### MEMO

＊好みで、ゆずの皮や唐辛子などを入れてもおいしい。
＊皮をむかずに作れば「赤作り」に、イカ墨もしごいて入れれば「黒作り」になる。

☞使いみちレシピ

### ゲソの塩辛 漁師風

ゲソは、吸盤を包丁でこそげ落とし、できる限り細かく削ぎ切りにし、エンペラもなるべく細かくカットする。後は【なつかしの塩辛】と同様に作る。肝とイカを合わせたあと、少し塩を足すとよい。日本酒の代わりに赤ワインを入れてもおいしい。

秘密の一言　イカをさばくのがコワイ！ そんなときは無理せず【25 かんたん塩辛】を。

# 25 かんたん塩辛

## ゆず入り・韓国風

### イカのワタを使わないから クセがなくみんなが食べやすい

イカワタを使わないので、イカのお刺身を買ってくれば、誰でも10分でできる超かんたん塩辛です。また、イカをさばく元気（勇気）がない人もこちらをどうぞ。冷凍のイカソーメンを買ってくれば、それこそビンに入れて混ぜるだけ。塩と甘酒を混ぜただけのプレーンなものをベースに、赤唐辛子やゆず、しょうゆ、酒、ゆずこしょうなど、お好みの具材を加えれば、手軽にオリジナル塩辛が楽しめます。さっぱりしていて、イカワタの味が苦手な人や子どもにも大人気なんですよ。自分でイカをさばくときは、2杯分の身がだいたい200gくらいです。お刺身を食べきれないときの保存用にも、いかがでしょうか？

☞使いみちレシピ
## 塩辛のせごはん

ごはん茶碗にごはんをよそい、【かんたん塩辛 韓国風】を好きなだけのせ、小口切りにした万能ねぎ、白いりごまをふる。ごま油を回しかけてもおいしい。

## ゆず入り

保存の目安…冷蔵庫で約5日
調理時間…10分

### 材料（作りやすい分量）

スルメイカ（刺身）… 200g
甘酒（濃縮タイプ）… 80g
塩 … 10g（イカの重量の5%）
ゆずの皮 … 適量

## 韓国風

保存の目安…冷蔵庫で約1週間
調理時間…10分

### 材料（作りやすい分量）

スルメイカ（刺身）… 200g
甘酒（濃縮タイプ）… 80g
塩 … 10g（イカの重量の5%）
【08 かんたんコチュジャン】（または一味唐辛子）… 適量
にんにく（すりおろし）… 1かけ分
しょうが（すりおろし）… にんにくの半量
ごま油 … 小さじ1

### 作り方（共通）

すべての材料（写真ⓐ ゆず入りの場合）を保存容器に入れてよく混ぜ、冷蔵庫で保存する。翌日から食べられる。清潔なスプーンで1日1回かき混ぜる。

ⓐ

秘密の一言　子どもにと言いつつ、日本酒のあてにも最高です。

# 26 なめたけ

## えのきと目が合ったら作りたい ごはんによく合う常備菜

えのきだけは身近な食材ですし、この【なめたけ】は日持ちも抜群なので気軽な常備菜です。水を一滴も入れずに、えのきだけから出てきた水分と調味料だけで作るため腐りにくく、次の日にはプルプルっと固まります。できたては、少し味が濃すぎるかな？と思っても、冷蔵庫で2～3日寝かせると味がなじんでまろやかに。すぐに食べてしまわないように、冷蔵庫の奥にしまっておきましょう。味がしっかりしているので調味料のように使ってもよく、ちぎったレタスに、オイル、【なめたけ】、もみのりの順にからめただけでも、おいしいサラダに。

保存の目安…冷蔵庫で1か月
調理時間…30分（寝かせる時間は除く）

## 材料（作りやすい分量）

えのきだけ … 3パック（正味300g）
A しょうゆ … 大さじ4
みりん … 大さじ3
酒 … 大さじ4
酢 … 小さじ1と½

## 作り方

❶えのきだけは根元を切り落とし、2～3㎝に切って鍋に入れ、Aを加えて混ぜ、10分以上おく（写真ⓐ 水分がドッと出てくる）。
❷鍋を中火にかけ、沸騰したらアクを取りながら5分煮る。
❸ごく弱火にしてふたをし、さらに15～20分煮て、水分がなくなったら火を止める。

ⓐ

### MEMO

＊すぐに食べられるが、ひと晩おくとプルプルっと固まり、さらにおいしくなる。

### ☞使いみちレシピ

### なめたけおろしそば

そばとオクラをゆでて、そばは冷水で締めて器に盛る。1㎝に刻んだオクラ、大根おろし、小口切りにした万能ねぎ、納豆、【なめたけ】を好きなだけのせ、【○4 めんつゆ】をかける。

**秘密の一言** この本の編集の和田さん（独身男性）が、いつも作って常備しています。

# 27 かっちり煮豆

## つい手がのびるほどクセになる しっかり味のなつかしい煮豆

昔、石川県に住んでいたときのことです。おすそ分けでいただいた大豆の煮豆がおいしくて感激したのですが、その豆は茶色っぽくて、かっちりしていて、かめばかむほど甘みがじわっと広がり、クセになる味わいだったのです。やわらかく薄味に炊いた煮豆に慣れていたため、とても新鮮でしたし、爪楊枝で1粒づつ大切に食べながらお茶を飲むのも印象的でした。その後、私なりに工夫して、何度も作っているのがこちら。これは保存用の煮豆です。お弁当やお茶請けに最適で、山登りのときは必ず、この豆を持って行くという人もいるくらいなんです。

保存の目安…冷蔵庫で2週間

調理時間…1時間半（戻す時間は除く）

### 材料（作りやすい分量）

大豆（乾燥）… 200g
昆布 … 10cm角1枚
米飴 … 60g
しょうゆ … 50g
てんさい糖 … 30g

### 作り方

❶大豆はよく洗って鍋に入れ、1ℓ（分量外）の水を加え、2～3時間浸けて戻す（戻しすぎないこと）。昆布は1cm角に切っておく。

❷①の鍋を中火にかけ、沸騰したらアクを取りながら（写真ⓐ）5分ゆでる。弱火にしてふたをし、ときどきアクを取りながら、豆がやわらかくなるまで1時間くらいゆでる。

❸水分がとんでひたひたになったら、昆布と米飴を入れる（写真ⓑ）。

❹煮汁がほとんどなくなったら、しょうゆとてんさい糖を加える（写真ⓒ）。さらに煮詰めて（写真ⓓ）水分をとばし、最後に強火にして色づくまで混ぜて火を止める。

### MEMO

＊米飴を入れてから煮る時間が長いほど、かっちりした仕上がりになる。
＊【かっちり煮豆】が余ったら、かき揚げに入れるとおいしい。

秘密の一言　石川県で食べた煮豆には、タニシが入っていてびっくりしました。

# 28 じゃこアーモンド

# 29 ナッツみそ

## そのままでも、ごはんにも合う 昔ながらの甘辛い常備菜

ちりめんじゃこにはしっかり塩味があるので、しょうゆはほんの少しにします。じゃこを入れてから炒めすぎると、ベタベタになってしまいますので、動作は素早く。ちりめんじゃこの代わりにごまめ、スライスアーモンドの代わりに縦割りにしたアーモンドを使うと、食べごたえのあるものができます。そのまま少し調味料を増やせば、お正月の田作りに。一味唐辛子や粉山椒などで少しピリッとさせてもおいしいです。保存で大切なのは、しけないように密封すること。【ナッツみそ】は、刻んだくるみやピーナッツで作ると、一段となつかしい味になります。

## 28 じゃこアーモンド

保存の目安…冷蔵庫で1週間
調理時間…20分

### 材料（作りやすい分量）

ちりめんじゃこ … 50g
スライスアーモンド … 30g
A メープルシロップ … 大さじ2
　しょうゆ … 小さじ1
なたね油 … 小さじ1

### 作り方

❶ちりめんじゃことスライスアーモンドは150℃のオーブンで13〜15分、パリっとするまで焼く。
❷フライパンにAを入れて弱火にかけ、細かい泡がたくさん立ってとろみがついてきたら、なたね油を入れて混ぜ、火を止める。①を一度に入れてからめ、30秒ほど弱火にかける。パリパリッと固まってきたら、すぐにオーブンペーパーに広げて冷ます。

## 29 ナッツみそ

保存の目安…冷蔵庫で2週間
調理時間…20分

### 材料（作りやすい分量）

カシューナッツ … 80g
みそ … 40g
みりん … 80g

### 作り方

小鍋にすべての材料を入れ、水（分量外）をひたひたに加えて中火で煮立たせる。沸騰したら弱火にし、水分がとぶまで加熱する。

**MEMO**
＊やわらかいのが好きな場合は、水を増やし、長めに加熱するとよい。
＊クルミやピーナッツでもおいしい。

秘密の一言　要するに、アーモンドフィッシュと、みそピーじゃないかという話も。

展開
レシピ

# ナッツ巻き寿司

新鮮な魚介がなくても、
巻き寿司は気軽に作れるものです。
ナッツのこっくりとした
甘みがくせになります。
人が集まるときやお祝いの日に。
【38 かんたんたくあん】や
【08 かんたんコチュジャン】を
入れてもおいしいです。

## 作り方

巻きすの上にのりをしき、【すし酢】で作った酢飯をのせて広げる。その上に、【ナッツみそ】、ゆでたいんげん、にんじんなどをのせ、巻きすで巻いていく。食べやすい大きさに切って、皿に盛る。

## 材料（作りやすい分量）

A【白だし】… 150mℓ
　水 … 1.5ℓ
里芋 … 6個
大根（2cm厚さ）… 6切れ
結び昆布 … 6個
こんにゃく … 1枚
もち巾着 … 6個（油揚げ3枚×もち3個）
【大豆ボール】… 好みの量

## 作り方

❶里芋は皮をむいて塩でもみ、さっと洗う。こんにゃくは食べやすく切り、油揚げは2つに切って袋状に開く。
❷鍋に湯を沸かし、大根を入れて15分ほど下ゆでする。大根をゆでた後、そのまま、こんにゃく、油揚げ、里芋もサッと下ゆでする。油揚げは、半分に切ったもちを入れて楊枝で留める。
❸別の鍋にAを入れて弱火にかけ、大根、里芋、結び昆布を入れて、弱火のまま、大根がやわらかくなるまでコトコト煮る。もち巾着を入れて、やわらかくなったら火を止め、こんにゃくを入れてひと晩寝かせる。翌日、【大豆ボール】を入れて温め、【白だし】（分量外）で味をととのえる。

# 白だしおでん

白だしさえあれば、面倒なだし取りをすることなく、好みの具のおでんができ上がり。
寒い季節にほっこりと、体じゅうが温まります。
おでん以外に、寄せ鍋や雑炊などもできてしまいます。

# 30 和メンマ

## コリコリ食感がたまらない やみつきストックの定番

たけのこの水煮で作る、やさしい味のメンマです。たけのこをゆでたら、上のやわらかい部分は、あっさり薄味の若竹煮にしたり、薄衣の天ぷらにするとおいしいですよね。真ん中あたりは炊き込みごはんや甘辛い炒め煮に、そして残りがちな下の部分。そのかたいところで作るとちょうどいいのが、この【和メンマ】なんです。たけのこを繊維にそってカットすると、歯ごたえが残っておいしくなります。もちろん、普段は市販の水煮で作っても十分おいしくできます。最近は良質な国産たけのこの水煮が手に入りやすくなり、ありがたいことです。

保存の目安…冷蔵庫で1週間
調理時間…20分

☞使いみちレシピ

## 和メンマラーメン

小鍋に【04 めんつゆ】大さじ3と½、水400mℓを入れて煮立て、【11 ガーリックオイル】小さじ1、ごま油小さじ1を入れ、どんぶりに入れる。中華麺をゆでてどんぶりに入れ、【和メンマ】をたっぷりのせる。青菜やねぎ、こしょうも忘れずに。【07 中華スープの素】を少し入れても濃厚になっておいしい。

## 材料(作りやすい分量)

たけのこ(水煮)… 150g

A
- 長ねぎ … 5cm
- にんにく … 1かけ
- しょうが … にんにくの半量

ごま油 … 大さじ1

B
- 水 … 150mℓ
- しょうゆ … 大さじ1
- みりん … 大さじ1
- 酒 … 大さじ1
- 塩 … ふたつまみ
- 梅酢 … 小さじ1
- 赤唐辛子 … ⅓本(なくてもよい)
- 白こしょう … 少々

## 作り方

❶たけのこは5mmの厚さに切り、水で洗ってざるに上げて水けをきる。Aはすべて細かいみじん切りにする。

❷鉄のフライパンにごま油を熱し、Aを入れて(写真ⓐ)弱火で炒め、香りが出てきたら中火にし、たけのこを入れてサッと炒める。

❸Bを加え、沸騰したら弱火にし、水分がなくなるまで10〜15分加熱する。

## MEMO

＊ひと晩以上おくと、さらにおいしくなる。

秘密の一言　干したけのこで作れませんか？と聞かれたことがあります(そっちが本物)。

# 31 ちらし寿司の素
## 寿司三郎

**鍋ひとつで一度に作れて食べたい分だけちらし寿司に！**

昔ながらのちらし寿司を作ろうと思ったら、まず、ごぼうやしいたけのアクを取り、油揚げと共に甘辛く煮付け、にんじんは色あせぬようさっと煮て、酢飯を作り、全部合わせてやっと完成……。もちろん間違いなくおいしいのですが、毎日慌ただしく過ごしていると、スーパーの棚に並んでいる「ちらし寿司の素」が輝いて見えることもありませんか？　そこで、保存できるちらし寿司の素を、鍋1個でできるように考えたのが、この「寿司三郎」です。ハレの日のごちそうにはもちろん、お茶碗1杯でもちらし寿司ができるので、お弁当にもできますよ。

保存の目安…冷蔵庫で1か月
調理時間…40分（冷ます時間は除く）

☞使いみちレシピ

## イクラのちらし寿司

ごはん茶碗1杯分に対し、【ちらし寿司の素】を大さじ2～3入れて混ぜる。皿に盛り、板ずりして薄切りにしたきゅうり、イクラをのせる。

### 材料（4合分）

ごぼう … ½本
にんじん … 小1本
干ししいたけ（水で戻す） … 4枚
油揚げ … 2枚
かんぴょう … 10g
**A** だし汁（しいたけの戻し汁＋水）… 500mℓ
しょうゆ … 大さじ4
みりん … 大さじ3
塩 … 小さじ1弱
てんさい糖 … 50g
酢 … 80g

### 作り方

❶ごぼうはささがきにし、10分水に放ち、ざるに上げる。にんじんはせん切り、干ししいたけ、油揚げは薄切りにする。かんぴょうは水でサッと洗い、3cmの長さに切る。
❷鍋に**A**、ごぼう、かんぴょう、しいたけを入れて中火にかけ、沸騰したらしっかりとアクを取りながら（写真ⓐ）、5分煮る。
❸油揚げ、塩、てんさい糖を入れ（写真ⓑ）、ふたをして弱火で25分煮る。
❹ふたを取ってにんじんを入れ（写真ⓒ）、汁けをとばすように煮て、火を止める。
❺熱いうちに保存容器に入れ、冷めたら酢を入れる（写真ⓓ）。

ⓐ

ⓑ

ⓒ

ⓓ

**MEMO**
＊酢は必ず具材が冷めてから入れること。
＊かんぴょうがなければ、たけのこの水煮50gを使い、同様に作る。太めの切り干し大根20gでもよい。

# 32 大豆ボール

**外はカリッと、中はふっくら**
**大豆がおいしい冷凍便利おかず**

かるくて食べやすく、いろいろな料理に合う大豆のナゲット。オートミールが独特の歯ごたえを出してくれます。れんこんがあると、揚げたときにひとまわり大きく膨らみ、ふわっとかるくなりますが、ないときは山芋を同量入れます。【34 炒め玉ねぎストック】がなければ玉ねぎ1/2個、【33 きのこスープの素】がなければきのこ100gを、それぞれ炒めて適当に味をつけて入れればOK。揚げたてはカリッとして、そのまま食べてもおいしいです。たくさん作って冷凍したら、鍋やカレーに入れたり、つくねやミートボール風にしてお弁当に入れたりと、とても便利です。

保存の目安…冷凍庫で1か月
調理時間…25分

## 材料（30〜40個分）

ゆで大豆 … 200g

A 【34 炒め玉ねぎストック】… 50g
【33 きのこスープの素】… 50g
オートミール … 75g
れんこん（すりおろし）… 75g
片栗粉 … 20g

## 作り方

❶ゆで大豆は粗みじん切りにして（写真ⓐ 大豆を細かくしすぎないこと）ボウルに入れ、Aを加えてよく混ぜ、オートミールが水分を吸うまでしばらくおく。

❷好みの大きさに丸め（写真ⓑ）、中温の油でからりと揚げる（写真ⓒ）。粗熱をとって密閉容器に入れ、冷凍しておく。

ⓐ

ⓑ

ⓒ

**MEMO**

＊大豆を自分でゆでるときはかためにゆでること。市販のゆで大豆でもOK。

＊ハンバーグの形にしてオーブンで焼いておいてもよい（200℃で15〜20分ほど）。

＊たねがゆるいときは、片栗粉で調整する。

☞使いみちレシピ

### 揚げたて大豆ボール

【大豆ボール】を揚げたら、そのまま熱いうちに食べてもおいしい。からしじょうゆがおすすめ。【01 はちみつケチャップ】と【03 お好み焼きソース】を煮立ててからめれば、ミートボール風にもなる。

27
かっちり煮豆
06
の使いみちレシピ
枝豆寿司
43
ミニトマトの
ピクルス
40
福神漬け
32
大豆ボール
（ミートボール風）
39
はちみつ柴漬け

# 詰めるだけ！ ストックのお弁当

ストックさえあれば、忙しい朝でも５分、10分でかんたんにお弁当が完成！
ごはんがすすむ常備菜でボリュームも満点。
漬けるもののストックは彩り豊かなので、お弁当に華を添えます。

# 33 きのこスープの素

冷蔵庫で寝かせるほどおいしい
お好みきのこで作るストック

【きのこスープの素】大さじ2に対し、水250㎖を鍋に入れて火にかけ、沸騰してから2分加熱し、こしょうをふれば、基本のスープのでき上がり。味つけがシンプルなので、ごま油とねぎを加えれば中華風、トマトやたくさんの野菜を入れればミネストローネと、和・洋・中、どんな味のスープも作れます。スープ以外にも、豆腐のあんかけ、パスタのソース、混ぜごはんなど、使いみちはさまざま。保温ジャーに入れ、熱湯を注いで持っていけば、お昼にはおいしいスープが飲めます。寒い日には、しょうがのすりおろしをたっぷり入れても。

保存の目安…冷蔵庫で1か月
調理時間…20分（寝かせる時間は除く）

## 材料（作りやすい分量）

しめじ … 1パック（200g）
えのきだけ … 1パック（100g）
エリンギ … 1パック（150g）
なたね油 … 大さじ3
にんにく（みじん切り）… 3かけ分
A 塩 … 大さじ1と½
　しょうゆ … 大さじ2
　酒 … 大さじ4

### MEMO

＊冷蔵庫で寝かせるほど、どんどんおいしくなる。
＊好きなきのこを、合計450g用意すればよい。

## 作り方

❶きのこはすべて石づきを切り落とし、食べやすい大きさに切る。
❷フライパンに油とにんにくを入れ、ごく弱火にかける（写真ⓐ）。香りと水分が出てきたら強火にし、きのこを3回に分けて加える（写真ⓑ）。きのこが全体にしんなりとしてきたら弱火にし、水分が出て⅓くらいの量になるまで（写真ⓒ）10分ほどじっくりと炒める。
❸Aを加えてさらに炒めて水分をとばす。熱いうちに保存容器に入れ、粗熱がとれたら冷蔵庫に入れ、3日間寝かせたら完成。

ⓐ

ⓑ

ⓒ

☞使いみちレシピ

### きのこの赤いスープ

【きのこスープの素】大さじ2に対し、水250㎖、薄切りにしたパプリカとミニトマトを鍋に入れて火にかけ、沸騰してから2分加熱する。仕上げにこしょうをふってもおいしい。

秘密の一言　そのまま食べるとしょっぱすぎます。

# 34 炒め玉ねぎストック

**玉ねぎの旨み&甘みが凝縮
おいしいスープがあっという間!**

玉ねぎは、弱火でずっと炒め続けるよりも、強火でガッと炒めて冷ますのをくり返したほうが、どんどん小さくなっていきます。5分強火で炒めてよく冷まし、これを3回くり返す。この方法なら、合計15分の加熱で、1時間以上じっくり炒めたような仕上がりになります。つきっきりにならず、ほかの用事の合間に作れるので、気軽に本格的な炒め玉ねぎを手に入れることができます。冷蔵庫で寝かせるとさらにおいしくなって、スープやカレーに、旨み、コク、甘みを出してくれます。保存期間をもっと長くしたいときは、塩を強めにしておきましょう。

保存の目安…冷蔵庫で1週間
調理時間…25分(冷ます時間は除く)

## 材料（250g分）

玉ねぎ … 大3個（600g）
にんにく … 3かけ
なたね油 … 大さじ3
塩 … 小さじ1

## 作り方

❶玉ねぎは縦半分に切り、繊維を断ち切るように薄切りにする。にんにくはみじん切りにする。
❷フライパンに油と玉ねぎを入れて（写真ⓐ）よく混ぜ、強火にかけ、全体が熱くなってから5分炒める。
❸火を止め、冷ましてから塩を⅓量ふる。これを3回くり返し、にんにくは2回目の加熱時に入れる（写真ⓑ）。粗熱がとれたら保存容器に入れる。

ⓐ

ⓑ

☞使いみちレシピ

### オニオングラタンスープ

小鍋に【炒め玉ねぎストック】50g、水200mℓ、しょうゆ小さじ1、【12 昆布酒】大さじ1を入れて中火にかけ、沸騰したら弱火にし、2分ほど煮る。塩、こしょうで味をととのえる。器に盛り、パン、【35 豆乳チーズの素】をのせ、250℃に温めたオーブンでチーズが溶けるまで焼く。



秘密の一言　あまりに長く冷ましていると、作っていることを忘れてしまうことがあります。

# 35 豆乳チーズの素

# 36 白みそ粉チーズ

## 乳製品がなくても楽しめるかんたんに作れる2種のチーズ

乳製品を使わずに、チーズのような食感や風味を楽しむ2種のストックです。【豆乳チーズの素】は、袋でもむところまで5分くらいでできますし、そのままパンや野菜にのせてオーブンで焼くととろ〜り。残った場合は日持ちしませんので、平らにして冷凍ストックにしておけばいつでも使えて便利です。【白みそ粉チーズ】は、教室の生徒さんの間で一番人気のストックです。サラダに、パスタに、スープに大活躍で、これがないとテーブルがさみしくなってしまうほどです。この粉チーズ、オーブンで焼いている途中で一度取り出してほぐすと、きめ細かくサラサラになります。また、焼きすぎると味がとんでしまうので、オーブンをこまめに確認することが必要です。

## 35 豆乳チーズの素

保存の目安…冷凍庫で1か月
調理時間…15分

### 材料（作りやすい分量）

豆乳ヨーグルト … 100g
白玉粉 … 25g
オリーブオイル
（またはなたね油）… 40g
てんさい糖 … 小さじ1強
塩 … 小さじ1弱（4g）

### 作り方

ポリ袋にすべての材料を入れ、白玉粉の粒がなくなるまでよくもんで（写真ⓐ）、10分以上おく。白玉粉が水分を吸って、白っぽく固まったら、クッキングシートをしいたバットに薄く広げ、ラップをして冷凍する。

**MEMO**
＊使うときは好きな大きさに割る。
＊そのままでは食べられないので、必ず加熱すること。

## 36 白みそ粉チーズ

保存の目安…冷蔵庫で1か月
調理時間…30分

### 材料（作りやすい分量）

アーモンドプードル … 50g
白みそ … 10g
なたね油 … 10g
梅酢 … 5g
塩 … 小さじ1弱（4g）
ガーリックパウダー … 少々

### 作り方

❶すべての材料をボウルに入れてよく混ぜ、クッキングシートをしいた天板に四角く広げる。
❷100〜110℃に温めたオーブンに入れ、25分ほど焼き、取り出してフォークでほぐす（写真ⓐ）。完全に冷めてから保存容器に入れる。

**MEMO**
＊焦げないように様子を見ること。

# 37 ココナッツオイル漬け

## おかずの下ごしらえにおすすめ魔法のような便利漬けだれ

ココナッツオイルは浸透性が高いので、調味料と合わせて食材を漬け込んでおくと、どんどん味がしみ込んでいきます。調味料を加えるだけでは、オイルがすべて表面に浮いてしまいますが、玉ねぎのすりおろしを混ぜてとろみをつけておくと、オイルと調味料が均等になった状態で、食材を漬け込むことができます。パサパサの白身魚もやわらかくなり、焼くとかたくなりがちなイカゲソも、ふわふわに仕上がります。塩のきつい魚は、しょうゆを入れずに漬け込めば、ほどよく塩が抜けてふっくらし、殻つきのえびは、殻のなかまで味がしみ込みます。

保存の目安…冷蔵庫で4～5日
調理時間…10分（漬ける時間は除く）

## 材料（魚2切れ分）

A
- 玉ねぎ（すりおろし）… ½個分
- にんにく（スライス）… 1かけ分
- しょうゆ … 大さじ1と⅓

ココナッツオイル（溶かしたもの）… 大さじ1

## 作り方

❶Aをよく混ぜ合わせ、ココナッツオイルを加えて（写真ⓐ）、とろみがつくまでさらに混ぜ合わせる（写真ⓑ）。

❷保存容器に入れ、好みの魚介などを漬ける（最低30分）。

ⓐ

ⓑ

☞使いみちレシピ

### めかじきの漬けソテー

フライパンにオイルを入れて中火で熱し、【ココナッツオイル漬け】のめかじき（好みの白身魚）を漬け汁ごと入れる。シュワシュワしてきたら、ししとうを入れてふたをして2分焼き、裏返してさらに2〜3分焼く。皿に盛る。

秘密の一言　スパイスやハーブ類を入れても、びっくりするほど味がしみ込みます。

展開レシピ

# かんたんきのこおこわ

きのこの旨みともちもちの食感。
たったこれだけの材料で、
本格的なおこわが再現できます。

## 材料（5～6人分）

もち米 … 500g　【きのこスープの素】… 100g　【昆布酒】（または酒）… 大さじ3

## 作り方

❶もち米は洗って、たっぷりの水に1時間以上浸けておく。水をきって、ふきんをしいた蒸し器に入れ、箸などで穴を開け（写真ⓐ）、下からの蒸気が通るようにしておく。
❷蒸気の上がった蒸し器で20分蒸し、大きめのボウルに移して、【きのこスープの素】と【昆布酒】を加え（写真ⓑ）、むらがなくなるまでよく混ぜる（これで打ち水の必要がなくなる）。
❸蒸気の上がった蒸し器に戻し、さらに20分蒸す。

### MEMO

＊②でもち米をボウルに移すとき、ふきんの四隅を集めて持ち、上下に数回バウンドさせてから移すと、米粒がふきんにひと粒も残らずにきれいに移せる。

ⓐ

ⓑ

# 大豆ボールと夏野菜の甘酢あん

じっくり焼きつけて作るので、野菜のおいしさが際立ちます。アスパラやにんじん、絹さやなど、季節の野菜に代えるのもおすすめ。大豆ボールも入って大満足のひと皿に。

## 材料（4人分）

【大豆ボール】… P.72の½量
玉ねぎ … 1個
ピーマン … 2個（またはパプリカ½個）
かぼちゃ … 100g
エリンギ … 2本
ズッキーニ … ½本
にんにく（みじん切り）… 2かけ分
しょうが（みじん切り）… 薄切り2枚分
[甘酢たれ]
　酢 … 大さじ2
　しょうゆ … 大さじ2
　みりん … 大さじ3
　【昆布酒】（または酒）… 大さじ3
　【はちみつケチャップ】
　　… 大さじ3
　片栗粉 … 大さじ1
ごま油、塩、こしょう … 適量

## 作り方

《下準備》
大豆ボールは解凍しておく。野菜はすべて食べやすく切る。[甘酢たれ] の材料を合わせておく。

❶フライパンにごま油を熱し、かぼちゃ、エリンギ、ズッキーニをじっくり焼きつけて取り出す。ピーマンはさっと焼いて取り出す。
❷フライパンにごま油を足し、にんにく、しょうがを入れて炒め、香りが立ったら玉ねぎを入れて透明感が出るまで中火でよく炒める。
❸大豆ボールを加え、①を戻し入れて、[甘酢たれ] をサッと混ぜながら入れる。中火で煮立て、とろみがつくまでかるく混ぜながら2分ほど加熱する。塩、こしょうで味をととのえる。

### MEMO

＊しょうゆとみりんの代わりに、【04 めんつゆ】大さじ4を使ってもおいしい。
＊【大豆ボール】の代わりに、厚揚げで作ってもおいしい。

# 38 かんたんたくあん

## 干さないでも気軽に作れる大根を使いきるためのたくあん

大根を丸ごと干して作る、昔ながらのたくあんが大好きです。でも、いざ自分で作るとなると、大根を干すのに10日間、漬けてから甘みが出るまで1か月……と時間がかかり、天候によって大根がダメになったりしようものなら、心がへし折れそうになります。こちらのたくあんなら、ポリ袋ひとつで3日ほどで完成しますし、冷蔵庫で漬けるので、一年中いつでも作ることができます。急ぐときは、皮をむいて作ると早く漬かり、初めから薄切りにして漬ければもっと早く、ひと晩でできます。大根を使いきれないとき、手作りたくあんはいかがですか。

保存の目安…冷蔵庫で1か月
調理時間…10分（寝かせる時間は除く）

## 材料（作りやすい分量）

大根 … 1kg（1本）
塩 … 50g（大根の5％）
A 甘酒（濃縮タイプ）… 200g（大根の20％）
　酢 … 30g（大根の3％）
　ターメリック … 少々
　赤唐辛子 … 1〜2本

## 作り方

❶大根はよく洗い、皮をむかず横二つに切り、縦四つ割りにする。大きめのポリ袋に大根と塩を入れ（写真ⓐ）、よくもむ。袋の空気を抜いて口をしっかり閉じ、ボウルなどに入れ、重たい鍋などを上において丸1日おく（写真ⓑ 鍋は大根の重さの3倍以上あるものが望ましい）。
❷大根から出た水分（写真ⓒ）を捨て、A（写真ⓓ）を入れてよくもんでなじませ、袋の空気を抜いて口を閉じる。冷蔵庫で2日以上寝かせる。

ⓐ

ⓑ

ⓒ

ⓓ

### ☞使いみちレシピ

たくあんは水でさっと洗って2〜3㎜幅に薄切りにし、皿に盛る。漬かりすぎたたくあんは、せん切りにして水にさらし、よく水けをしぼる。ごま油で炒め、しょうゆとかつお節をふって食べるとおいしい。【08 かんたんコチュジャン】を入れた「ピリ辛たくあん炒め」もおすすめです。

### MEMO

＊冷蔵庫で寝かせるほどに辛みが抜け、甘みが出ておいしくなる。好みの容器に移しても、ポリ袋のままでもいい。

秘密の一言　重たい鍋がない人は、鍋のなかに水を入れれば重くなります。

# 39 はちみつ柴漬け

**おなじみの夏野菜で作れる
さっぱり味の定番漬けもの**

あっさりかるい味なので、パクパク食べられる柴漬けです。はちみつを使うと少ない塩でも早く、フルーティーに漬かります。ポイントは、水けをしっかりしぼること。しぼりが甘いと、色も日持ちも悪くなってしまいます。昔ながらの、しょっぱい柴漬けを作りたいときは、はちみつを大さじ1に減らし、野菜は塩水に放さず、ポリ袋に野菜と塩大さじ1と1/3を直接入れて、【38かんたんたくあん】のように鍋で重石をして、出た水分をしぼって同様に作ります。こちらは冷蔵庫で1か月以上日持ちします。どちらもお弁当の彩りや、箸休めに欠かせません。

保存の目安…冷蔵庫で2週間
調理時間…15分（漬ける時間は除く）

☞使いみちレシピ

## 柴漬けごはん

ごはん茶碗に温かいごはんをよそい、【柴漬け】、しらす、刻んだ大葉、白いりごまを混ぜる。

### 材料（作りやすい分量）

なす … 2本
きゅうり … 2本
みょうが … 2個
しょうが（薄切り）… 2〜3枚
**A** 赤梅酢 … 50g
酢 … 25g
はちみつ … 大さじ2
昆布（細切り）… 適量

### 作り方

❶なす、きゅうり、みょうがは2㎜くらいの薄切り、しょうがはせん切りにする。濃いめ（5％くらい）の塩水（分量外）に30分以上漬け、ふきんでよくしぼって（写真ⓐ しぼり方が甘いと、きれいな紫色にならないので注意）保存容器に入れる。
❷**A**を入れてよく混ぜ、空気にふれないように表面にラップを貼りつけ、冷蔵庫で保存する。2〜3日して上下を返し、きれいな紫色になったら完成（写真ⓑ）。

ⓐ

ⓑ

**MEMO**

＊野菜は合計400gくらいにする。
＊あれば、【05 白だし】大さじ1を入れるとまろやかになる。



**秘密の一言** なすの量が少ないと、地味な色になります。

# 40 福神漬け

## 根菜づくしでポリポリ食感
## 冬に楽しみな作りおき

冬は、なすやきゅうりが手に入りにくいため、大根などの根菜ばかりなので「七福神ならぬ、五福神だね」なんて言いながら、毎年作っている保存食です。あらかじめカットした野菜を干すと、冬のよく晴れた日なら、たった1日でカラカラに。それを、煮立てた調味液に漬け込むだけ。縮んでいた野菜が、日に日にふっくらとして、3日後には食べられます。野菜はざるで干してもいいですし、最近は干し野菜用ネットも売られていますね。干し野菜にホコリがついてしまった場合は、さっと熱湯をかけて、水けをきってから漬け込むと、気持ちよく作れます。

保存の目安…冷蔵庫で1か月
調理時間…20分（干す＆寝かせる時間は除く）

### 材料（約500g分）

A
- 大根 … 大½本
- れんこん … 1節
- にんじん … ½本

しょうが … 1かけ
みりん … 200g
しょうゆ … 200g
てんさい糖 … 50g
梅酢 … 20g
昆布 … 10㎝角1枚

### 作り方

❶Aは1～2㎜のごく薄切りにしてから、1㎝角くらいに切る（形はバラバラでよい）。しょうがはせん切りにする。昆布は1㎝角に切っておく。
❷Aをざるに広げて外に出し、表面が乾いてきたら裏返し、カラカラに乾いてかさが半分になるまで（写真ⓐ）、丸1日干す（2日かかるときもある）。
❸小鍋にみりんを入れて弱火にかけ、沸騰したら2分加熱し、しょうゆ、てんさい糖、梅酢を加えてひと煮立ちさせて火を止め、熱いうちに②と昆布、しょうがを入れる。保存容器に入れ、冷蔵庫で3日寝かせる。

### MEMO

＊仕上がりが水っぽくなってしまった場合は、ざるに上げて干し野菜と調味料を分け、調味料を鍋に入れ、煮立ててアクを取り、水分をとばしてから干し野菜を戻し入れるとよい。

秘密の一言　食べ終わって余った液は、煮立てて出たアクをすくい、調味料を足せば、また使えます。

## 41 きゅうりの和ピクルス

## 42 玉ねぎのカレーピクルス

## それぞれの持ち味がある食べやすくて作りやすい2種

【きゅうりの和ピクルス】は、米酢やしょうゆで作る、どこかほっとする味のピクルス。ほかの野菜でも楽しめます。煮立てたピクルス液が完全に冷めてから入れることで、パリパリの食感に仕上がります。漬かりすぎたものは、サンドイッチやタルタルソースに最適。【玉ねぎのカレーピクルス】は、ピクルス液にカレーパウダーを入れるだけ。こちらは、ピクルス液が熱いうちにかけることで、玉ねぎの辛みがまるくなります。残ったピクルス液は、こして、アクを取りながら5分ほど沸騰させ、調味料を足せばまた使えます。長期保存したいときは、容器を十分に消毒しましょう（7ページ）。

## 41 きゅうりの和ピクルス

保存の目安…冷蔵庫で２か月
調理時間…15分（冷ます時間は除く）

### 材料（作りやすい分量）

きゅうり … ３本（300g）

A
- 酢 … 150mℓ
- 水 … 150mℓ
- てんさい糖 … 大さじ1と⅔
- 薄口しょうゆ（または濃口しょうゆ）… 大さじ1
- 塩 … 小さじ⅔
- ローリエ … 1枚
- 赤唐辛子 … 1本
- にんにく（切り込みを入れておく）… 1かけ

### 作り方

❶小鍋にAを入れて中火にかけ、沸騰したら弱火にして5分加熱し、冷ましておく。
❷きゅうりは保存容器に合わせて切り、重量の２％の塩（小さじ1強・分量外）をすり込み、30分以上おいて水出ししておく。
❸②の水けをきって保存容器に詰め、①を口いっぱいまで注ぐ。

### MEMO

＊２日後くらいから食べられ、1週間後くらいが食べごろ。

## 42 玉ねぎのカレーピクルス

保存の目安…冷蔵庫で２か月
調理時間…15分（冷ます時間は除く）

### 材料（作りやすい分量）

玉ねぎ … 1と½個（300g）

A
- 酢 … 150mℓ
- 水 … 150mℓ
- てんさい糖 … 大さじ2
- 薄口しょうゆ（または濃口しょうゆ）… 大さじ1
- 塩 … 小さじ1
- カレーパウダー … 10g
- にんにく（切り込みを入れておく）… 1かけ

### 作り方

❶玉ねぎは薄切りにし、保存容器に入れる。
❷小鍋にAを入れて中火にかけ、沸騰したら弱火にして5分加熱する。
❸①にアツアツの②を注ぐ。冷めたら完成。

# 43 ミニトマトのピクルス

## さわやかな酸味をとじ込めた
## 見た目もかわいいピクルス

見た目はただのミニトマトですが、口に入れるとピクルス液がパッと広がり、びっくりします。3日目ぐらいに食べるとさわやかでおいしく、サラダ感覚でどんどん食べられる味です。長く漬けると味が強くなりますが、こちらはサッと加熱すると甘みが出ておいしいソースになります。竹串や楊枝でトマトのヘタのところに穴を開けるのですが、皮を貫通しないように、でもなるべくギリギリまで深く刺すのがポイントです。ちゃんと穴が開いてないと、味が中までしみ込みませんし、貫通してしまうと、トマトのおいしい味がピクルス液に流れ出てしまいます。

保存の目安…冷蔵庫で2週間
調理時間…15分

## 材料（作りやすい分量）

ミニトマト … 300g

A
- 酢 … 150mℓ
- 水 … 150mℓ
- はちみつ … 大さじ2
- 塩 … 小さじ1
- バジル（乾燥）… 少し
- にんにく（切り込みを入れておく）… 1かけ

## 作り方

❶小鍋にAを入れて中火にかけ、沸騰したら弱火にして5分加熱し、冷ましておく。
❷ミニトマトは洗って水けをきり、竹串でヘタのところに穴を開ける（写真ⓐ）。竹串がトマトの皮を貫通しないように注意すること。
❸保存容器に②を入れ、①を注ぐ。

ⓐ

MEMO

＊2日後くらいから食べられます。

☞使いみちレシピ

### 魚のソテー トマトピクルスソース

フライパンに油を熱し、好みの白身魚（カレイ、タラ、メカジキ、ムツなど）と【ミニトマトのピクルス】を入れて中火にかける。シュワシュワと音がしてきたら、ふたをして2分焼き、魚の上下を返して、さらにふたをして2〜3分加熱する。魚をまず皿に盛りつけ、フライパンに残ったピクルスに、しょうゆ少々を入れてパッと煮立て、魚の上にかける。最後にこしょうをふる。



秘密の一言　漬かりすぎたものは「ピクルス液カプセル」と呼ばれ、眠気覚ましに最適。

# 44 ひよこ豆のピクルス



## 豆の可能性を広げてくれる変幻自在な便利ピクルス

豆のピクルスを常備しておくと、すぐに食べごたえのある一品ができるのでとても便利です。たとえば、玉ねぎの薄切りや、コロコロに切ったきゅうり、手でちぎったレタスなど、好きな野菜を加え、オリーブオイルを回しかければ、豆のサラダになります。ゆでたいんげん、じゃがいも、【ひよこ豆のピクルス】を、ガーリックオイルとしょうゆで和えてもおいしい。ブレンダーでつぶしてオリーブオイルを加えれば、パンにぴったりの豆ペーストに。コールスローやマカロニサラダなど、いつものサラダに混ぜたり、カレーや揚げ物の付け合わせにもなります。

保存の目安…冷蔵庫で1か月
調理時間…20分（戻す時間は除く）

☞使いみちレシピ

## 豆のピクルスと野菜のサラダ

好みの野菜（紫キャベツ、パプリカのせん切りなど）に、【ひよこ豆のピクルス】をのせ、ピクルス液も少しかけて、オリーブオイルを回しかける。よく混ぜればおいしいサラダが完成。いろいろな野菜で楽しめる。

### 材料（作りやすい分量）

ひよこ豆（乾燥）… 200g
エリンギ … 1パック（150g）
A
酢 … 200g
水 … 100g
てんさい糖 … 大さじ3
薄口しょうゆ … 大さじ2
塩 … 小さじ½
にんにく … 1かけ
黒こしょう（粒）… 適宜

### 作り方

❶ひよこ豆は鍋で水にひと晩浸けて戻し、水をかえて豆の3倍くらいの水（分量外）を入れて中火にかける。沸騰したら弱火にし、12〜15分ゆでる。エリンギはサイコロ切りにする。
❷小鍋にAを入れて中火にかけ、沸騰したらエリンギを加える。再び煮立ったら火を弱め、ふつふつを保ちながら5分加熱する。
❸保存容器にひよこ豆を入れ、上から②のピクルス液を注ぐ。

### MEMO

＊ひよこ豆のドライパック缶を使っても可能。その場合は400g用意し、アツアツのピクルス液を注ぐこと。



秘密の一言　豆なら何でもいいんです。

# 45 焼きなすのオイル漬け

## 最後の最後までおいしい なすとオイルのハーモニー

そのまま食べてもおいしいですが、パンとの相性もよく、薄切りパンをカリカリに焼いて、【焼きなすのオイル漬け】と、【42 玉ねぎのカレーピクルス】をのせて食べると絶品です。なすを食べた後、残ったオイルには、にんにく、ローリエの香り、焼きなすのおいしさが移っていますので、サラダなどに利用できます。ほかにも、残ったオイルにトマトのざく切りと塩を入れて混ぜ、冷やしておけば、冷製パスタのソースになりますし、ゆで野菜に回しかけ、塩こしょうするだけでもおいしいです。なすの代わりに、ズッキーニで作ってもいいですね。

保存の目安…冷蔵庫で1週間
調理時間…40分（漬ける時間は除く）

## 材料（作りやすい分量）

なす … 6本（600g）
塩水（5％）… 適量
オリーブオイル、なたね油 … 各適量
にんにく（切り込みを入れておく）… 2かけ
ローリエ（または乾燥バジル）… 2枚
赤唐辛子 … 2本

## 作り方

❶なすはひと口大に切って塩水に漬け、表面にラップをして30分以上おく。
❷①をざるに上げて水けをきり、200℃に温めたオーブンで25〜35分ほど（大きさによって加減する）、しんなりするまで焼く（焼く前⇨写真ⓐ　焼いた後⇨写真ⓑ）。
❸ふた付きの保存容器に焼き上がった②を入れ、にんにく、ローリエ、赤唐辛子を加え、オリーブオイルとなたね油をたっぷり入れる（なすの表面がオイルに完全に漬かるようにすること）。表面にラップを貼りつけるとよい。

ⓐ

ⓑ

### MEMO

＊オリーブオイルとなたね油を混ぜて使うと、冷蔵庫でも固まらない。

☞使いみちレシピ

### 焼きなすのサラダ

【焼きなすのオイル漬け】のなすを皿に盛り、スライスした紫玉ねぎやオリーブをのせ、レモンをギュッとしぼる。あれば、ゆで野菜や生野菜もたっぷり添え、オイル漬けのオイルを回しかけ、塩、こしょうをふって食べるとおいしい。

**秘密の一言**　ちょっと焦げているオイル漬けに、しょうゆをたらして食べるとおいしい。

# 46 豆腐チョコスプレッド



## 豆腐の臭みもなくなめらか パンに塗るだけでおいしい

豆腐をゆでた後、ざるの上でしっかりくずすのがポイント。これで、絹豆腐でもしっかり水けをきることができます。また、豆腐をゆでるのには4つの理由があります。①水分を抜く ②豆の青臭さを取る ③にがりを抜く ④殺菌効果がある だから、ゆでた豆腐は直接手で触らないことが大切です。そうすれば、夏でも冷蔵庫で1週間、冬はもっと長く保存できます。やわらかいクリーム状にしたいときには、てんさい糖の代わりにメープルシロップを使い、もっとかたくしたいときには、ココナッツオイルを増やすと、好みのスプレッドができます。

保存の目安…冷蔵庫で1週間
調理時間…20分（冷ます&固める時間は除く）

## 材料（作りやすい分量）

豆腐（絹）… 300g
A ココア … 25g
ラム酒 … 小さじ2
塩 … ひとつまみ
てんさい糖 … 50g
ココナッツオイル（無味無臭タイプ）… 65g

## 作り方

❶小鍋に適当な大きさに切った豆腐と水（分量外）を入れ、中火にかけて沸騰したら、弱火にして5分加熱する。ざるに上げてスプーンなどでくずし（写真ⓐ）、しっかり冷ます。
❷①をフードプロセッサーやハンディブレンダーにかけ、なめらかになるまでかくはんし（写真ⓑ）、Aを加えてさらにかくはんする。溶かしたココナッツオイルを一度に加え、さらにかくはんする。
❸ツヤが出てなめらかな状態になったら、すぐに保存容器に移し、冷蔵庫で冷やし固める。

ⓐ

ⓑ

☞使いみちレシピ

### 豆腐チョコフルーツサンド

食パンに【豆腐チョコスプレッド】をのせて広げ、いちごなど好みのフルーツをのせて、その上にも【豆腐チョコスプレッド】をのせ食パンをもう1枚重ねてぎゅっとおさえる。パンの耳を4辺切りそろえ、ななめに切り、断面が見えるように皿に盛る。ラップで包み、冷蔵庫で冷やすとカットしやすい。

**MEMO**
＊てんさい糖の代わりに、メープルシロップ大さじ4で作ると、やわらかいクリーム（豆腐ガナッシュクリーム）になる。

秘密の一言　ココナッツオイルを増やしすぎると生チョコになり、減らしすぎると豆腐に逆もどり。

# 47 コーヒーキャラメルソース

とろとろでビターな甘み
あるだけで幸せになるソース

てんさい糖を焦がし、豆乳を入れて煮詰めたキャラメルソースは、アイスクリームやパンケーキにかけるとおいしいのですが、カラメル部分が焦がし足りないと、ひと味足りなくなってしまいます。でも焦がしすぎると、豆乳を入れた後、甘みを感じにくくなり、その加減が難しいのです。ある日、焦がし足りなかったキャラメルソースに、コーヒーをひとさじ入れてみたら、とてもおいしいソースになり、以来よく作っています。てんさい糖の代わりにココナッツシュガーを使うと、あっという間にカラメルに。おまけに低GIなので、こちらもおすすめです。

保存の目安…冷蔵庫で2週間
調理時間…15分

## 材料（作りやすい分量）

A｜てんさい糖 … 50g
　｜水 … 大さじ1
B｜豆乳 … 100g
　｜塩 … 少々
インスタントコーヒー … 小さじ1

## 作り方

❶小鍋にAを入れて混ぜ、強めの中火にかける。鍋のふちから焦げて色づいてきたら、鍋をぐるりと回して（写真ⓐ）焦げを全体に回し、火を止め、Bを入れる。
❷弱火にかけ、スプーンで鍋底についたカラメルを落としながら沸騰させ、かるいとろみがつくまで4〜5分ほど煮詰め、インスタントコーヒーを入れて溶かす（写真ⓑ）。
❸熱いうちに保存容器（ビンなど）に入れる。ボウルに水を張って入れ、スプーンなどでかき混ぜながら冷ます。なめらかになってツヤが出たら完成。

ⓐ

ⓑ

### MEMO

＊インスタントコーヒーは最後に入れる。とろみがつかないうちに豆乳に入れると、もろもろに分離してしまう。

☞使いみちレシピ

### 地粉のパンケーキ

ボウルに地粉200g、ベーキングパウダー小さじ2、塩ふたつまみを入れて泡立て器で粉がふわっとするまで混ぜる。真ん中をくぼませ、豆乳250〜300g、メープルシロップ大さじ3、なたね油大さじ1と½を加え、中心から外側へ向かって、ツヤが出るまでしっかりと混ぜる。ボウルにラップをし、冷蔵庫で20分ほど寝かせる。フライパンを熱し、油少々をひき、生地を流し入れ、中火で焼く。小さな気泡がいくつか出てきたらすぐに返し、裏も焼く。皿に盛り、【コーヒーキャラメルソース】をかけ、くるみなどを添える。

### MEMO

＊気泡が少ないうちに返すこと。小さめに焼くと上手に焼ける。
＊薄力粉でも同様に作れる。

# 48 ジンジャーシロップ

# 49 ジンジャージャム

## しょうがを丸ごと堪能できる使いきりの2つのストック

このシロップは、本当は「ピンクジンジャーシロップ」という名前にしたいくらい、きれいなピンク色になります。しょうがをすりおろして作るのですが、シロップをとった後のしょうがはジャムになるので、捨てるところがまったく出ないのも気に入っています。夏にシロップを作って楽しみ、こした後のジャムを冷凍し、秋冬にケーキに使う。というのが、いつもの流れです。シロップは、ジンジャーエールにはもちろん、ビールに入れてもおいしい。冬はお湯割りがおすすめです。ジャムは熱い紅茶に入れたり、水分が少ないので、クッキーにはさんだりしてもおいしく食べられます。

## 48 ジンジャーシロップ

保存の目安…冷蔵庫で1か月
調理時間…20分

### 材料（約300mℓ分）

しょうが（皮をむく）… 100g（正味）
水 … 150mℓ
はちみつ（アカシアなど）… 200g
レモン汁 … 大さじ2

### 作り方

❶小鍋にすりおろしたしょうがと水（先にフードプロセッサーにかけてもよい）を入れて中火にかけ、沸騰したら弱火にして5分加熱する。
❷火を止め、はちみつとレモン汁を加えて混ぜ、保存容器に茶こしでこす。スプーンなどでギュッと押してよくしぼること（こしたしょうがは【ジンジャージャム】へ）。

### MEMO

＊好みで、スパイスを入れてもおいしい。クローブパウダー（小さじ⅛くらいまで）、シナモンパウダー（小さじ¼くらいまで）、レモングラス、ローリエ、赤唐辛子など。

☞使いみちレシピ

**ジンジャーエール**

グラスに【ジンジャーシロップ】を入れ、炭酸水を注いで飲む。水やお湯で割ってもおいしい。

## 49 ジンジャージャム

保存の目安…冷蔵庫で2週間
調理時間…25分

### 材料（作りやすい分量）

A しょうが（【ジンジャーシロップ】でこしたもの）… 全量
A 水 … 150mℓ
てんさい糖 … 大さじ2（20〜25g）

### 作り方

❶小鍋にAを入れて中火にかけ、沸騰したら弱火にし、ふたをして20分ほど加熱する。
❷やわらかくなって水分がとんだら、てんさい糖を加え、へらで混ぜながら水分がなくなるまで煮詰める。

秘密の一言　実はジャムが欲しくて、シロップを作っているという話も。

# 50 黒蜜ソーダの素

「コーラは作れないの？」という
リクエストにお応えしました

白砂糖不使用、カフェインフリー、低GIのソーダの素です。……なんて言うと、ストイックな飲み物のようですが、バニラの香るさわやかな味です。無糖の炭酸水で好きな甘さに割ると、20人分はできるでしょうか。日持ちもバッチリですので、一度作れば夏じゅう楽しめます。クローブをほんのひとつまみ入れると、さらにコーラらしくなり、手に入ればオレンジ（レモン）エクストラクトを小さじ1ほど加えると、とても華やかな香りになります。みんなでおいしく飲める手作りの不思議なソーダの素。話の種にぜひ作ってみてください。

保存の目安…冷蔵庫で2か月
調理時間…10分（寝かせる時間は除く）

☞使いみちレシピ
## 黒蜜ソーダ

グラスに氷、【黒蜜ソーダの素】を入れ、炭酸水を注いで飲む。好みの甘さになるように加減する。

### 材料（作りやすい分量）

A
- ココナッツシュガー（または黒砂糖）… 200g
- 水 … 200mℓ
- シナモンスティック … 1本
- バニラビーンズ … ½本（種をしごき、さやごと）
- しょうが（薄切り）… 3枚

レモンの皮（すりおろし）… 1個分
レモン汁 … 50g

### 作り方

❶小鍋にAを入れ、よく混ぜてから中火にかけ、沸騰したらアクを取る。弱火にして3分加熱して火を止め、レモンの皮とレモン汁を加え、そのまま冷ます（写真ⓐ）。
❷冷蔵庫でひと晩寝かせ、茶こしでこす。

ⓐ

秘密の一言　最後になりました。コーラで乾杯！

# ジンジャーフルーツケーキ

クリスマスに作りたい華やかな見た目のケーキですが、生地を混ぜて、型に流して焼くだけ。
豆腐が入っているのでかろやかな口あたりで、
ジンジャージャムのさわやかな酸味と甘みがアクセントになっています。

## 材料（16cmのクグロフ型1台分）

A 薄力粉 … 110g
アーモンドプードル … 40g
ベーキングパウダー … 小さじ2

豆腐（絹）… ½丁（150g）

ココナッツオイル … 60g

B てんさい糖 … 60g
レモン汁 … 10g
塩 … ひとつまみ

C ラム酒漬けドライフルーツ … 100g
【ジンジャージャム】… 30g
好みのナッツ … 30g

## 作り方

《下準備》
クグロフ型にココナッツオイルを塗り、粉（分量外）をはたいておく。オーブンを170℃に温めておく。

❶ボウルにAを入れ、泡立て器でよく混ぜ、ダマをなくす。
❷別のボウルに豆腐を入れ、泡立て器でよく混ぜてなめらかにし、Bも加えてよく混ぜ、てんさい糖を溶かす。溶かしたココナッツオイルを一度に加えて（写真ⓐ）素早く混ぜ、乳化させる。
❸②に①を加え、泡立て器でツヤが出るまでぐるぐると素早く混ぜ（写真ⓑ）、Cも加えてさっと混ぜる。
❹型に生地を流し入れ、170℃に温めたオーブンで10分焼き、160℃に下げて35分ほど焼く。

## MEMO

＊焼き上がったら、少し冷ましておくと、型から抜きやすい。
＊生地にシナモンパウダーなどを入れてもおいしい。

# ミニカップケーキ

卵・乳製品を使わないでできる、ふっくら&しっとり生地の白崎茶会流カップケーキ。
その上に、濃厚なのに罪悪感のない【豆腐チョコスプレッド】。
小さいけれど、魅力のつまったかわいいお菓子です。

## 材料（8〜12個分）

A
- 薄力粉 … 100g
- アーモンドプードル … 25g
- ベーキングパウダー … 4g
- タンサン（重曹）… 1g

B
- 豆乳ヨーグルト … 120g
- てんさい糖 … 40g
- 塩 … ひとつまみ

ココナッツオイル（またはなたね油）… 35g
【豆腐チョコスプレッド】… 適量

### MEMO

＊焼き上がってポリ袋に入れると、生地がしっとり仕上がる。

## 作り方

《下準備》
マフィン型に紙カップをしいておく。オーブンを160℃に温めておく。

❶ボウルにAを入れ、泡立て器でよく混ぜ、ダマをなくす。
❷別のボウルにBを入れ、泡立て器でよく混ぜててんさい糖を溶かし、溶かしたココナッツオイルを一度に入れてよく混ぜ、乳化させる。
❸②に①を加え、泡立て器でツヤが出るまでぐるぐると素早く混ぜ、型に流し入れる。
❹160℃に温めたオーブンに入れ、20〜25分（型のサイズによって加減する）焼く。焼き上がったら粗熱をとり、ほんのり温かいうちにポリ袋に入れて密封する。
❺冷めたカップケーキに、【豆腐チョコスプレッド】をスプーンでのせ、季節のフルーツ（分量外）を添える。

46 豆腐チョコスプレッド

# 〈本書で使用する おもな材料〉

おいしいストック作りには、良質な調味料が強い味方になってくれます。
白崎茶会で使用している、おすすめの材料を紹介します。

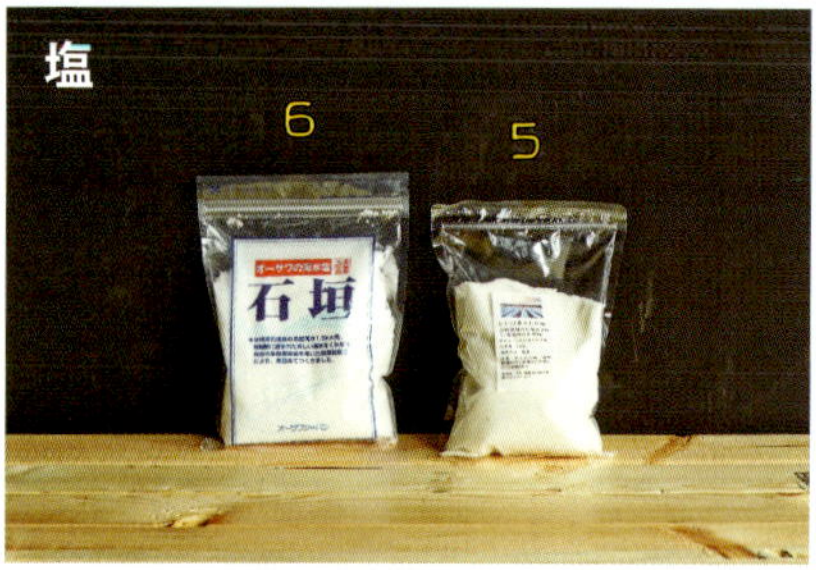


5「シチリア島の天日塩」（陰陽洞）
6「オーサワの海水塩 石垣」（オーサワジャパン）

1「圧搾一番搾り 国産なたねサラダ油」（ムソー）
2「ヌニェス・デ・プラド エクストラバージンオリーブオイル」（DHC）
3「圧搾一番しぼり 胡麻油」（ムソー）
4「プレミアムココナッツオイル」（ココウェル）

10「料理用自然酒」（澤田酒造）
11「老梅 有機純米酢」（河原酢造）
12「三州三河みりん」（角谷文治郎商店）
13「有機梅酢（白）」（ムソー）
14「有機梅酢（赤）」（ムソー）

7「あらしぼり生醤油」（正金醤油）
8「天然醸造 うすくち生醤油」（正金醤油）
9「生成り」（ミツル醤油醸造元）

20「玄米あま酒」（マルクラ食品）
21「白米あま酒」（マルクラ食品）

15「アレガニ 有機メープルシロップ」（ミトク）
16「ジロロモーニ 純粋アカシア蜜」（創健社）
17「米水飴」（ミトク）
18「ハニーココナッツ」（ディアンタマを支える会）
19「北海道産 てんさい含蜜糖 粉末タイプ」（陰陽洞）

27「玄米みそ」（はつゆき屋）
28「有機やさか白みそ」（やさか共同農場）

22「薄力粉（海外有機認証）」（陰陽洞）
23「石臼挽き地粉」（陰陽洞）
24「地粉（中力粉）」（マルマメン工房）
25「米粉」（陰陽洞）
26「北海道産片栗粉」（ムソー）

34「かつお糸削り」（陰陽洞）
35「かつお一節」（健康フーズ／日本ヘルス）
36「特選 真昆布」（陰陽洞）
37「椎茸 小粒どんこ」（ムソー）

29「有機カレーミックス（辛口）」（エヌ・ハーベスト）
30「井上スパイス カレーパウダー」（ムソー）
31「向井 手づくり香辛料 一味」（ムソー）
32「ブラックペッパー（粒）」（テングナチュラルフーズ／アリサン）
33「オーガニック白こしょう」（桜井食品）

## ☞お問い合わせ先

◎陰陽洞　☎046-873-7137　http://in-yo-do.com
◎エヌ・ハーベスト　☎03-5941-3986
http://www.nharvestorganic.com
◎オーサワジャパン　☎03-6701-5900
http://www.ohsawa-japan.co.jp
◎健康フーズ／日本ヘルス　☎045 911-7511
http://www.nihon-health.com
◎河原酢造　☎0120-703-275　http://robai.jp
◎ココウェル　☎0120-01-5572　http://www.cocowell.co.jp
◎桜井食品　☎0120-668-637　http://www.sakuraifoods.com
◎正金醤油　☎0879 82 0625　http://shokinshoyu.jp
◎角谷文治郎商店　☎0566-41-0748
http://www.mikawamirin.com
◎創健社　☎0120-101-702　http://www.sokensha.co.jp
◎ディアンタマを支える会　☎042-555-9514
http://www.geocities.jp/yasizato
◎DHC　☎0120-333-906　http://www.dhc.co.jp
◎テングナチュラルフーズ／アリサン　☎042-982-4811
http://www.alishan-organics.com
◎はつゆき屋　☎0120-371-113　http://www.hatsuyukiya.co.jp
◎マルクラ食品　☎086-429-1551
http://www.marukura-amazake.jp
◎マルマメン工房　shindofuzi@gmail.com
http://www.marumamen.com
◎ミツル醤油醸造元　☎092-325-0026
http://www.mitsuru-shoyu.com
◎ミトク　☎0120-744-441　www.31095.jp
◎ムソー　☎06-6945-5800　http://muso.co.jp
◎やさか共同農場　☎0855-48-2510

## 白崎裕子 しらさき・ひろこ

東京生まれ（埼玉育ち）葉山在住（借家）。逗子市で30年以上続く自然食品店「陰陽洞」主宰の料理教室の講師を経て、海辺に建つ古民家で、オーガニック料理教室「白崎茶会」を開催。予約のとれない料理教室として知られ、全国各地から参加者多数。岡倉天心を師と仰ぎ、日々レシピ製作と教室に明け暮れる。座右の銘は「心に太陽を、クチビルになめたけを」。著書に、『にっぽんのパンと畑のスープ』『にっぽんの麺と太陽のごはん』『かんたんお菓子』『かんたんデザート』『ココナッツオイルのかんたんレシピ』（すべてWAVE出版）、『白崎茶会のかんたんパンレシピ』（学研パブリッシング）がある。
HP「インズヤンズ梟城」
http://shirasakifukurou.jp

撮影 ―― 寺澤太郎
スタイリング ―― 高木智代
デザイン ―― 藤田康平（Barber）
編集 ―― 和田泰次郎
プリンティングディレクション ―― 金子雅一（凸版印刷）

調理助手 ―― 橋本悠、八木悠、菊池美咲
食材協力 ―― 陰陽洞、菜園野の扉
小物協力 ―― 工藤由美（布）、木暮豊（器）、葉山wakka（古道具）
協力 ―― 伊藤由美子、田口綾、鈴木清佳、上杉佳緒理、白崎和彦


# 秘密のストックレシピ

二〇一五年九月三十日　第一刷発行
二〇二〇年四月六日　第七刷発行

著者　白崎裕子
発行者　鉄尾周一
発行所　株式会社マガジンハウス
〒一〇四-八〇〇三
東京都中央区銀座三-一三-一〇
書籍編集部　☎〇三-三五四五-七〇三〇
受注センター　☎〇四九-二七五-一八一一

印刷・製本　凸版印刷株式会社




ISBN978-4-8387-2799-5 C2077




マガジンハウスのホームページ
http://magazineworld.jp/